近現代文学コレクション

第一学習社

目次

本書の構成と使い方

◆**学習のねらい**　この教材で何を学び、何を身につけるかを、教材の内容に即して端的に示しました。

◆**語注**　本文中に現れる固有名詞や専門的な用語などに①、②…などの番号を付し、解説を施しました。

◆**脚問**　本文を解釈するうえでポイントとなる箇所に❶、❷…などの番号を付し、内容理解を確認するための問いを示しました。

◆**作者解説**　プロフィールと主な著書、本文の出典を記しました。

◆**学習の手引き**　基本的に次の視点で学習課題を設定しました。

●文章全体の構成や展開の把握。

●「学習のねらい」に沿った内容の解釈。

●文体の特徴や表現技法の理解。

●詩は作品の鑑賞。

◆**活動の手引き**　本文を学習した後に得た、自分の解釈や見解をもとに論述する活動や、本文に関連した事項を調査・報告する活動など、「読むこと」と「書くこと」に関わるさまざまな言語活動を設定しました。

◆**言葉の手引き**　本文中に現れる漢字や語句、表現などを取り上げ、国語の知識や技能の基礎となる力を身につけるための課題を設定しました。漢字はすべて常用漢字の範囲で取り上げています。

※引用した箇所を示す場合、本文ページを漢数字で、行を算用数字で示しました。（例）（一〇・5）

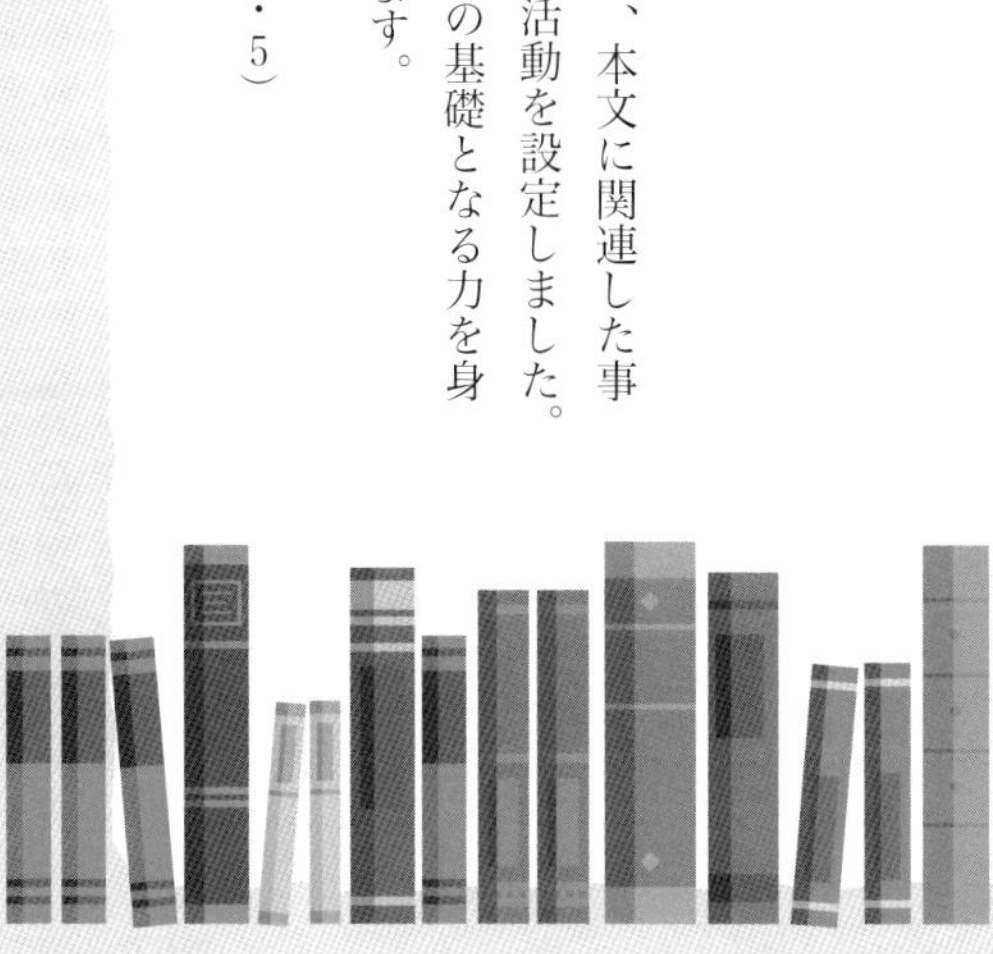

山月記

中《なか》島《じま》　敦《あつし》

①隴西《ろうせい》の李徴《りちょう》は博学②才穎《さいえい》、③天宝の末年、若くして名を④虎榜《こぼう》に連ね、ついで⑤江南尉に補せられたが、性、狷介《けんかい》、自ら恃《たの》むところすこぶる厚く、賤吏《せんり》に甘んずるを潔しとしなかった。いくばくもなく官を退いた後は、故山、⑥虢略《かくりゃく》に帰臥《きが》し、人と交わりを絶って、ひたすら詩作にふけった。下吏となって長く膝を俗悪な大官の前に屈するよりは、詩家としての名を死後百年に遺《のこ》そうとしたのである。しかし、文名は容易に揚がらず、生活は日を追うて苦しくなる。李徴はようやく焦燥にかられてきた。このころからその容貌も⑦峭《しょう》刻《こく》となり、肉落ち骨秀で、眼光のみいたずらに⑧炯々《けいけい》として、かつて進士に登第したころの豊頰《ほうきょう》の美少年のおもかげは、いずこに求めようもない。数年の後、貧窮に堪えず、妻子の衣食のためについに節を屈して、再び東へ赴き、一地方官吏の職を奉ずることになった。一方、これは、己の詩業に半ば絶望したためでもある。かつての同輩はすでにはるか高位に進み、彼が昔、鈍物として歯牙にもかけなかったその連中の下命を拝さねば

学習のねらい

表現の特徴が作品に及ぼす効果を考え、人が虎になるという怪異の意味をふまえて作品の主題を考える。

①**隴西**　今の甘粛《かんしゅく》省東南部。

②**才穎**　才知が非常に優れていること。

③**天宝**　中国（唐代）の玄宗治世最後の年号。七四二―七五六。

④**虎榜**　進士試験及第者の姓名を掲示する板。

⑤**江南尉**　「江南」は長江以南の地の総称。「尉」は治安に当たる役人。

⑥**虢略**　今の河南省霊宝市。

⑦**峭刻**　厳しく険しいこと。

⑧**炯々**　目が鋭く光るさま。

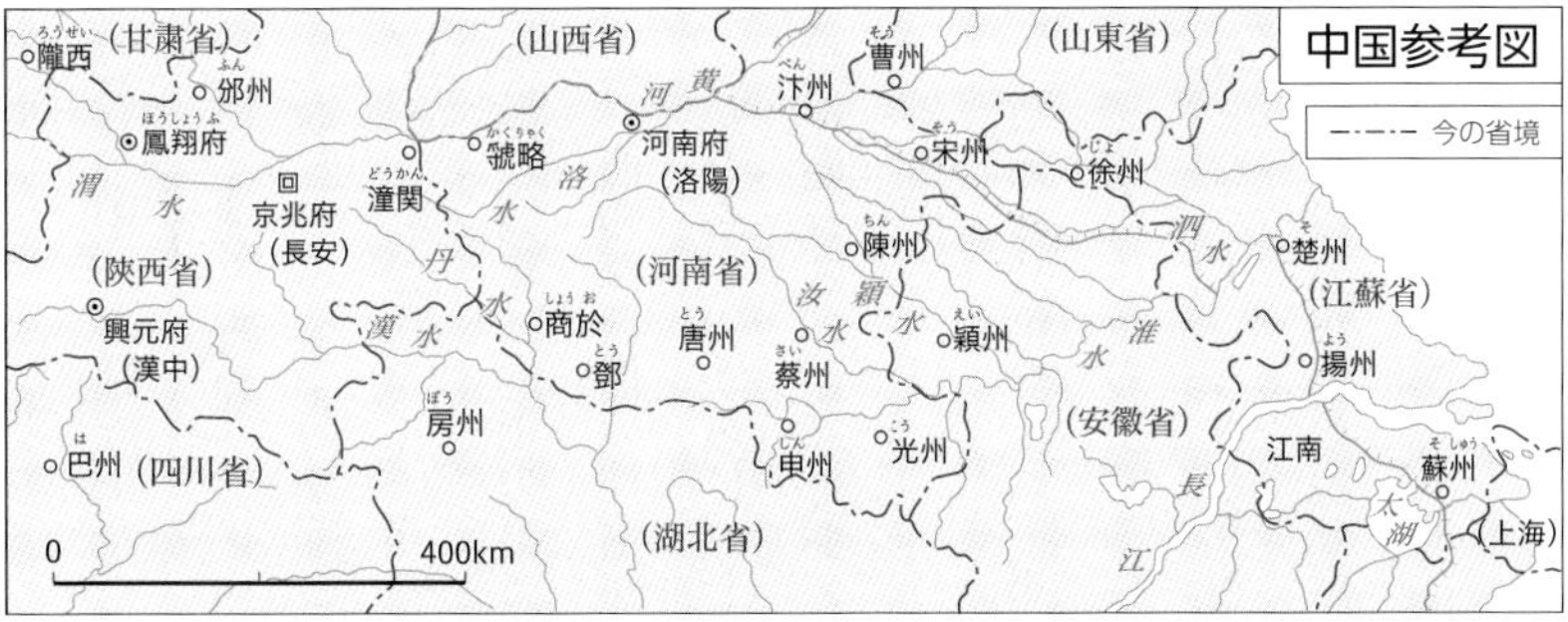

ならぬことが、往年の⑨儁才《しゅんさい》李徴の自尊心をいかに傷つけたかは、想像に難くない。彼は⑩怏々《おうおう》として楽しまず、⑪狂悖《きょうはい》の性はいよいよ抑え難くなった。一年の後、公用で旅に出、⑫汝水《じょすい》のほとりに宿ったとき、ついに発狂した。ある夜半、急に顔色を変えて寝床から起き上がると、何かわけのわからぬことを叫びつつそのまま下に飛び下りて、闇の中へ駆け出した。彼は二度と戻ってこなかった。付近の山野を捜索しても、何の手がかりもない。その後李徴がどうなったかを知る者は、誰もなかった。

翌年、⑬監察御史《ぎょし》、⑭陳郡の袁傪《えんさん》という者、勅命を奉じて⑮嶺《れい》南《なん》に使いし、道に⑯商於《しょうお》の地に宿った。次の朝いまだ暗いうちに出発しようとしたところ、⑰駅吏が言うことに、これから先の道に人食い虎が出るゆえ、旅人は白昼でなければ、通れない。今はまだ朝が早いから、いま少し待たれたがよろしいでしょうと。袁傪は、しかし、供回りの多勢なのを恃み、駅吏の言葉を退けて、出発した。残月の光を頼りに林中の草地を通っていったとき、はたして一匹の猛虎が草

⑨**儁才** 優れた才能の人。俊才。

⑩**怏々** 不満に思うさま。

⑪**狂悖** 非常識で道義に反する言動をすること。

⑫**汝水** 河南省を流れて、淮水《わいすい》に入る河。今の汝河。

⑬**監察御史** 官吏の取り締まりなどにあたる役人。中央から派遣された。

⑭**陳郡** 今の河南省淮《わい》陽《よう》県を中心とする地域。

⑮**嶺南** 今の広東・広西省一帯をさす。

⑯**商於** 今の河南省淅《せき》川《せん》県にあった地名。

⑰**駅吏** 宿駅に働く役人。

むらの中から躍り出た。虎は、あわや袁傪に躍りかかるかと見えたが、たちまち身を翻して、もとの草むらに隠れた。草むらの中から人間の声で「危ないところだった。」と繰り返しつぶやくのが聞こえた。その声に袁傪は聞き覚えがあった。驚懼《きょうく》のうちにも、彼はとっさに思い当たって、叫んだ。「その声は、我が友、李徴子ではないか？」袁傪は李徴と同年に進士の第に登り、友人の少なかった李徴にとっては、最も親しい友であった。温和な袁傪の性格が、⑱峻峭《しゅんしょう》な李徴の性情と衝突しなかったためであろう。

草むらの中からは、しばらく返事がなかった。しのび泣きかと思われるかすかな声が時々漏れるばかりである。ややあって、低い声が答えた。「いかにも自分は隴西の李徴である。」と。

袁傪は恐怖を忘れ、馬から下りて草むらに近づき、懐かしげに久闊《きゅうかつ》を叙した。そして、なぜ草むらから出てこないのかと問うた。李徴の声が答えて言う。自分はいまや異類の身となっている。どうして、おめおめと故人《とも》の前にあさましい姿をさらせようか。かつまた、自分が姿を現せば、必ず君に畏怖嫌厭《いふけんえん》の情を起こさせるに決まっているからだ。しかし、今、図らずも故人に会うことを得て、⑲愧赧《きたん》の念をも忘れるほどに懐かしい。どうか、ほんのしばらくでいいから、我が醜悪な今の外形をいとわず、かつて君の友李徴であったこの自分と話を交わしてくれないだろうか。

⑱**峻峭**　厳しいこと。

⑲**愧赧**　恥じて赤面すること。

後で考えれば不思議だったが、そのとき、袁傪は、この超自然の怪異を、実に素直に受け入れて、少しも怪しもうとしなかった。彼は部下に命じて行列の進行をとどめ、自分は草むらの傍らに立って、見えざる声と対談した。都のうわさ、旧友の消息、袁傪が現在の地位、それに対する李徴の祝辞。青年時代に親しかった者どうしの、あの隔てのない語調で、それらが語られた後、袁傪は、李徴がどうして今の身となるに至ったかを尋ねた。草中の声は次のように語った。

今から一年ほど前、自分が旅に出て汝水のほとりに泊まった夜のこと、一睡してから、ふと目を覚ますと、戸外で誰かが我が名を呼んでいる。声に応じて外へ出てみると、声は闇の中からしきりに自分を招く。覚えず、自分は声を追うて走り出した。無我夢中で駆けていくうちに、いつしか道は山林に入り、しかも、知らぬ間に自分は左右の手で地をつかんで走っていた。何か身体《からだ》中に力が充《み》ち満ちたような感じで、軽々と岩石を跳び越えていった。気がつくと、手先や肘のあたりに毛を生じているらしい。少し明るくなってから、谷川に臨んで姿を映してみると、すでに虎となっていた。自分は初め目を信じなかった。次に、これは夢にちがいないと考えた。夢の中で、これは夢だぞと知っているような夢を、自分はそれまでに見たことがあったから。どうしても夢でないと悟らねばならなかったとき、自分は茫然《ぼうぜん》とした。そうして懼《おそ》れた。全く、どんなことでも起こり得るのだと思うて、深く懼れた。しかし、なぜこんなことになったのだろう。わからぬ。全く何事も我々にはわからぬ。理由もわからずに押しつけられたものをおとなしく受け取って、理由もわからずに生きてゆくのが、我々生き物のさだめだ。[1]自分はすぐに死を思うた。しかし、そのとき、目の前を一匹のうさぎが駆け過ぎるのを見た途端に、[2]自分の中の人間はたちまち姿を消した。再び自分の中の人間が目を覚ましたとき、自分の口はうさぎの血にまみれ、あたりにはうさぎの毛が散らばっていた。これが虎としての最初の経験であった。それ以来今までにどんな所行をし続けてきたか、それはとうてい語るに忍びない。ただ、一日のうちに必ず数時間は、人間の心が還《かえ》ってくる。そういうときには、かつての日と同じく、人語も操れれば、複雑な思考にも堪え得るし、⑳経書《けいしょ》の章句を誦《そら》んずることもできる。その人間の心で、虎としての己の残虐な行いの跡を見、己の運命を振り返るときが、最も情けなく、恐ろしく、憤ろしい。しかし、その、人間に還る数時間も、日を経るに従ってしだいに短くなってゆく。今までは、どうして虎などになったかと怪しんでいたのに、この間ひょいと気がついてみたら、おれはどうして以前、人間だったのかと考えていた。[3]これは恐ろしいことだ。いま少したてば、おれの中の人間の心は、獣としての習慣の中にすっかり埋もれて消えてしまうだろう。ちょうど、古い宮殿の礎がしだいに土砂に埋没するように。そうすれば、しまいにおれは自分

[1]「自分はすぐに死を思うた」のはなぜか。

[2]「自分の中の人間はたちまち姿を消した。」とは、どういうことか。

⑳**経書** 中国の儒学関係の書物。

[3]「これは恐ろしいことだ。」と李徴が考えるのはなぜか。

の過去を忘れ果て、一匹の虎として狂い回り、今日のように道で君と出会っても故人と認めることなく、君を裂き食ろうて何の悔いも感じないだろう。一体、獣でも人間でも、もとは何かほかのものだったんだろう。初めはそれを覚えているが、しだいに忘れてしまい、初めから今の形のものだったと思い込んでいるのではないか？　いや、そんなことはどうでもいい。**4**おれの中の人間の心がすっかり消えてしまえば、おそらく、そのほうが、おれはしあわせになれるだろう。だのに、おれの中の人間は、そのことを、このうえなく恐ろしく感じているのだ。ああ、全く、どんなに、恐ろしく、哀《かな》しく、切なく思っているだろう！　おれが人間だった記憶のなくなることを。この気持ちは誰にもわからない。誰にもわからない。おれと同じ身の上になった者でなければ。ところで、そうだ。おれがすっかり人間でなくなってしまう前に、一つ頼んでおきたいことがある。

袁傪はじめ一行は、息をのんで、叢中《そうちゅう》の声の語る不思議に聞き入っていた。声は続けて言う。

ほかでもない。自分は元来詩人として名を成すつもりでいた。しかも、業いまだ成らざるに、この運命に立ち至った。かつて作るところの詩数百編、もとより、まだ世に行われておらぬ。遺稿の所在ももはやわからなくなっていよう。ところで、そのうち、今もなお㉑記誦《きしょう》せるものが数十ある。これを我がために伝録していただきたいのだ。なにも、

4「おれの中の……感じているのだ。」とは、どういう気持ちか。

㉑**記誦**　記憶して暗誦する。

これによって一人前の詩人面《づら》をしたいのではない。作の巧拙は知らず、とにかく、産を[5]破り心を狂わせてまで自分が生涯それに執着したところのものを、一部なりとも後代に伝えないでは、死んでも死にきれないのだ。

袁傪は部下に命じ、筆を執って叢中の声に従って書き取らせた。李徴の声は草むらの中から朗々と響いた。長短およそ三十編、格調高雅、意趣卓逸、一読して作者の才の非凡を思わせるものばかりである。しかし、袁傪は感嘆しながらも漠然と次のように感じていた。なるほど、作者の素質が第一流に属するものであることは疑いない。しかし、このままでは、第一流の作品となるのには、どこか（非常に微妙な点において）欠けるところがあるのではないか、と。

旧詩を吐き終わった李徴の声は、突然調子を変え、自らを嘲るがごとくに言った。

恥ずかしいことだが、今でも、こんなあさましい身となり果てた今でも、おれは、おれの詩集が長安[22]風流人士の机の上に置かれているさまを、夢に見ることがあるのだ。岩窟の中に横たわって見る夢にだよ。嗤《わら》ってくれ。詩人になりそこなって虎になった哀れな男を。（袁傪は昔の青年李徴の自嘲癖を思い出しながら、哀しく聞いていた。）そうだ。お笑い草ついでに、今の思いを即席の詩に述べてみようか。[6]この虎の中に、まだ、かつての李徴が生きているしるしに。

[5]「産を破り……死にきれないのだ。」とは、どういう気持ちか。

[22]**長安** 今の西安。唐代の首都。

[6]「この虎の中に、まだ、かつての李徴が生きているしるし」とはどういう意味か。

袁傪はまた下吏に命じてこれを書き取らせた。その詩に言う。

偶《たまたま》因《よツテ》二狂疾《ニ》一成《ル》二殊㉓類《ト》一
災患相仍《よツテ》不《ず》レ可《ベカラ》レ逃《ル》
今日《ハ》爪《さう》牙《が》誰《たれカ》敢《あヘテ》敵《センヤ》
当時《ハ》声㉔跡共《ニ》相高《カリキ》
我《ハ》為《なリテ》二異物《ト》一蓬㉕《ほう》茅《ばうノ》下《もとニアレドモ》
君《ハ》已《すでニ》乗《リテ》レ軺㉖《えうニ》気勢豪《ナリ》
此《こノ》夕《ゆふべ》渓山対《シ》二明月《ニ》一
不《シテ》レ成《サ》二長㉗《ちやう》嘯《せうヲ》一但《ただ》成《スノミ》レ嗥㉘《かうヲ》

時に、残月、光冷ややかに、白露は地にしげく、樹間を渡る冷風はすでに暁の近きを告げていた。人々はもはや、事の奇異を忘れ、粛然として、この詩人の薄幸を嘆じた。李徴の声は再び続ける。

なぜこんな運命になったかわからぬと、先刻は言ったが、しかし、考えようによれば、思い当たることが全然ないでもない。人間であったとき、おれは努めて人との交わりを

㉓**殊類**　異類。人類と違うもの。

㉔**声跡**　よい評判。

㉕**蓬茅**　よもぎとかや。雑草の意味。

㉖**軺**　小さい軽い車。伝令の使者の用いる車。

㉗**長嘯**　声を長く引いて詩を吟ずること。

㉘**嗥**　ほえ叫ぶこと。

避けた。人々はおれを倨傲《きょごう》だ、尊大だと言った。実は、それがほとんど羞恥心に近いものであることを、人々は知らなかった。もちろん、かつての郷党の鬼才と言われた自分に、自尊心がなかったとは言わない。しかし、それは臆病な自尊心とでも言うべきものであった。おれは詩によって名を成そうと思いながら、進んで師に就いたり、求めて詩友と交わって切磋琢磨《せっさたくま》に努めたりすることをしなかった。かといって、また、おれは俗物の間に伍《ご》することも潔しとしなかった。ともに、[7]我が臆病な自尊心と、尊大な羞恥心とのせいである。己の珠《たま》にあらざることを惧《おそ》れるがゆえに、あえて刻苦して磨こうともせず、また、己の珠なるべきを半ば信ずるがゆえに、㉙碌々《ろくろく》として瓦に伍することもできなかった。おれはしだいに世と離れ、人と遠ざかり、㉚憤悶《ふんもん》と㉛慙恚《ざんい》とによってますます己の内なる臆病な自尊心を飼いふとらせる結果になった。人間は誰でも猛獣使いであり、その猛獣に当たるのが、各人の性情だという。おれの場合、この尊大な羞恥心が猛獣だった。虎だったのだ。これがおれを損ない、妻子を苦しめ、友人を傷つけ、果ては、おれの外形をかくのごとく、内心にふさわしいものに変えてしまったのだ。今思えば、全く、おれは、おれの持っていたわずかばかりの才能を空費してしまったわけだ。人生は何事をもなさぬにはあまりに長いが、何事かをなすにはあまりに短いなどと口先ばかりの警句を弄しながら、事実は、才能の不足を暴露するかもしれないとの卑怯《ひきょう》な危惧と、

[7] 「臆病な自尊心と、尊大な羞恥心」とは、どのようなものか。

㉙**碌々** 平凡なさま。

㉚**憤悶** 憤り、もだえること。

㉛**慙恚** 恥じて怒ること。

刻苦をいとう怠惰とがおれのすべてだったのだ。おれよりもはるかに乏しい才能でありながら、それを専一に磨いたがために、堂々たる詩家となった者がいくらでもいるのだ。虎となり果てた今、おれはようやくそれに気がついた。それを思うと、おれは今も胸を灼《や》かれるような悔いを感じる。おれにはもはや人間としての生活はできない。たとえ、今、おれが頭の中で、どんな優れた詩を作ったところで、どういう手段で発表できよう。まして、おれの頭は日ごとに虎に近づいてゆく。どうすればいいのだ。おれの空費された過去は？　おれはたまらなくなる。そういうとき、おれは、向こうの山の頂の巌《いわお》に上り、空谷に向かって吼《ほ》える。この胸を灼く悲しみを誰かに訴えたいのだ。おれは昨夕も、あそこで月に向かって咆《ほ》えた。誰かにこの苦しみがわかってもらえないかと。しかし、獣どもはおれの声を聞いて、ただ、懼れ、ひれ伏すばかり。山も木も月も露も、一匹の虎が怒り狂って、哮《たけ》っているとしか考えない。天に躍り地に伏して嘆いても、誰一人おれの気持ちをわかってくれる者はない。ちょうど、人間だったころ、おれの傷つきやすい内心を誰も理解してくれなかったように。**8** おれの毛皮のぬれたのは、夜露のためばかりではない。

ようやくあたりの暗さが薄らいできた。木《こ》の間《ま》を伝って、いずこからか、暁角㉜が哀しげに響き始めた。

8「おれの毛皮のぬれたのは、夜露のためばかりではない。」とは、どういう意味か。

㉜**暁角**　夜明けを知らせる角笛の音。

もはや、別れを告げねばならぬ。酔わねばならぬときが、（虎に還らねばならぬときが）近づいたから、と、李徴の声が言った。だが、お別れする前にもう一つ頼みがある。それは我が妻子のことだ。彼らはいまだ虢略にいる。もとより、おれの運命については知るはずがない。君が南から帰ったら、おれはすでに死んだと彼らに告げてもらえないだろうか。決して今日のことだけは明かさないでほしい。厚かましいお願いだが、彼らの孤弱を哀れんで、今後とも道塗㉝に飢凍することのないように計らっていただけるならば、自分にとって、恩幸㉞、これに過ぎたるはない。

言い終わって、叢中から慟哭《どうこく》の声が聞こえた。袁もまた涙を浮かべ、喜んで李徴の意に添いたい旨を答えた。李徴の声はしかしたちまちまた先刻の自嘲的な調子に戻って、言った。

本当は、まず、このことのほうを先にお願いすべきだったのだ、おれが人間だったなら。飢え凍えようとする妻子のことよりも、己の乏しい詩業のほうを気にかけているような男だから、こんな獣に身を堕《おと》すのだ。

そうして、つけ加えて言うことに、袁傪が嶺南からの帰途には決してこの道を通らないでほしい、そのときには自分が酔っていて故人を認めずに襲いかかるかもしれないから。また、今別れてから、前方百歩の所にある、あの丘に上ったら、こちらを振り返っ

㉝**道塗** 「道途」に同じ。みち。

㉞**恩幸** 恩恵。恵みと幸福。

て見てもらいたい。自分は今の姿をもう一度お目にかけよう。勇に誇ろうとしてではない。我が醜悪な姿を示して、もって、再びここを過ぎて自分に会おうとの気持ちを君に起こさせないためであると。

袁傪は草むらに向かって、懇ろに別れの言葉を述べ、馬に上った。草むらの中からは、また、堪え得ざるがごとき悲泣の声が漏れた。袁傪も幾度か草むらを振り返りながら、涙のうちに出発した。

一行が丘の上に着いたとき、彼らは、言われたとおりに振り返って、先ほどの林間の草地を眺めた。たちまち、一匹の虎が草の茂みから道の上に躍り出たのを彼らは見た。虎は、すでに白く光を失った月を仰いで、二声三声咆哮《ほうこう》したかと思うと、また、もとの草むらに躍り入って、[9]再びその姿を見なかった。

[9]「その姿を見なかった。」という語法は、どのような効果をあげているか。

中島敦　一九〇九年（明治四二）―一九四二年（昭和一七）。小説家。東京都生まれ。高等女学校の教師や南洋庁の吏員をしながら創作を続け、一九四二年発表の『山月記』『文字禍』で注目されたが、同年十二月、重度の喘息《ぜんそく》により早世した。作品に『光と風と夢』『弟子』『李陵《りりょう》』などがある。本文は『中島敦全集　第一巻』によった。

学習の手引き

一　この小説の展開を、構成の上からいくつかの段落に分け、それぞれの内容ごとに、登場人物が何を思いどう行動しているのか、まとめてみよう。

二　『山月記』という作品全体の中で、「月」の描写はどのような意味を持っていると考えられるか。場面ごとの「月」の変化をふまえて説明してみよう。

三　李徴の性格を、本文中の表現を用いながらまとめてみよう。

四　李徴が披露した即席の詩を、自分なりの表現で現代語に書き直してみよう。

五　袁傪は、この小説においてどのような役割を果たしているか。物語の展開と李徴との関わりをふまえて説明してみよう。

活動の手引き

一　『山月記』の典拠となった『人虎伝』の本文を調べ、

1　どのような内容が書かれているか、要点をまとめよう。

2　李徴の人物像に注目して、『人虎伝』と『山月記』の違いをまとめ、それぞれの主題の違いを明らかにしよう。

3　『山月記』では、どのような要素を加えて話を膨らませているか、文章にまとめて発表し合おう。

言葉の手引き

一　次の熟語について、①構成する漢字のそれぞれの意味と、②熟語全体の意味を説明してみよう。

1　焦燥（四・6）　2　畏怖（六・13）
3　醜悪（六・15）　4　卓逸（一〇・5）
5　粛然（二・11）　6　刻苦（三・7）

二　次の漢字を上と下に使った熟語をあげてみよう。

1　俗―俗□・□俗　2　躍―躍□・□躍
3　隔―隔□・□隔　4　還―還□・□還

三　次の語句を用いて、短文を作ってみよう。

1　あわや（六・1）
2　おめおめと（六・12）
3　図らずも（六・14）

四　次の語句の意味を説明してみよう。

1　官を退く（四・3）
2　文名が揚がる（四・5）
3　職を奉ずる（四・9）
4　下命を拝す（四・11）
5　久闊を叙する（六・10）

檸檬《レモン》

梶井《かじい》基次郎《もとじろう》

　えたいの知れない不吉な塊が私の心を始終圧《おさ》えつけていた。焦燥と言おうか、嫌悪と言おうか――酒を飲んだ後に宿酔《ふつかよい》があるように、酒を毎日飲んでいると宿酔に相当した時期がやってくる。それが来たのだ。これはちょっといけなかった。結果した①肺尖《はいせん》カタルや神経衰弱がいけないのではない。また背を焼くような借金などがいけないのではない。いけないのはその不吉な塊だ。以前私を喜ばせたどんな美しい音楽も、どんな美しい詩の一節も辛抱がならなくなった。②蓄音機を聴かせてもらいにわざわざ出かけていっても、最初の二、三小節で不意に立ち上がってしまいたくなる。何かが私をいたたまらずさせるのだ。それで始終私は街から街を浮浪し続けていた。

　なぜだかその頃私はみすぼらしくて美しいものに強くひきつけられたのを覚えている。風景にしても壊《くず》れかかった街だとか、その街にしてもよそよそしい表通りよりもどこか親しみのある、汚い洗濯物が干してあったりがらくたが転がしてあったりむさくるしい部屋がのぞいていたりする裏通りが好きであった。雨や風が蝕《むしば》んでやがて土に帰ってしまう、

①**肺尖カタル**　肺上部の結核症で、その初期段階をいう。

②**蓄音機**　レコードから音楽等を再生する装置。

学習のねらい

「私」の心の動きを作品中の表現に基づいてたどり、「檸檬」が「私」に及ぼした影響を捉える。

といったような趣のある街で、土塀が崩れていたり家並みが傾きかかっていたり――勢いのいいのは植物だけで時とするとびっくりさせるような向日葵《ひまわり》があったりカンナが咲いていたりする。

時々私はそんな路《みち》を歩きながら、ふと、そこが京都ではなくて京都から何百里③も離れた仙台とか長崎とか――そのような市《まち》へ今自分が来ているのだ――という錯覚を起こそうと努める。私は、できることなら京都から逃げ出して誰一人知らないような市へ行ってしまいたかった。第一に安静。がらんとした旅館の一室。清浄な布団。匂いのいい蚊帳《かや》と糊《のり》のよく利いた浴衣。そこでひと月ほど何も思わず横になりたい。願わくはここがいつの間にかその市になっているのだったら。――錯覚がようやく成功し始めると私はそれからそれへ想像の絵の具を塗りつけてゆく。なんのことはない、私の錯覚と壊《くず》れかかった街との二重写しである。そして私はその中に現実の私自身を見失うのを楽しんだ。

私はまたあの花火というやつが好きになった。花火そのものは第二段として、あの安っぽい絵の具で赤や紫や黄や青や、さまざまの縞《しま》模様を持った花火の束、④中山寺《なかやまでら》の星下《ほしくだ》り、花合戦、枯れすすき。それから鼠《ねずみ》花火というのは一つずつ輪になっていて箱に詰めてある。そんなものが変に私の心をそそった。

それからまた、びいどろという色硝子《ガラス》で鯛《たい》や花を打ち出してあるおはじきが好きになったし、⑤南京玉《なんきんだま》が好きになった。またそれをなめてみるのが私にとってなんともいえない享

③**里**　距離の単位。一里は約三・九キロメートル。

④**中山寺の星下り、花合戦、枯れすすき**　いずれも花火の名称。

⑤**南京玉**　陶製やガラス製で、糸を通す穴のあいた小さい玉。

楽だったのだ。あのびいどろの味ほどかすかな涼しい味があるものか。私は幼いときよくそれを口に入れては父母に叱られたものだが、その幼時の甘い記憶が大きくなっておちぶれた私に蘇《よみがえ》ってくるせいだろうか、全くあの味にはかすかな爽やかななんとなく詩美といったような味覚が漂っている。

察しはつくだろうが私にはまるで金がなかった。とはいえそんなものを見て少しでも心の動きかけたときの私自身を慰めるためには贅沢《ぜいたく》ということが必要であった。二⑥銭や三銭のもの——といって贅沢なもの。美しいもの——といって無気力な私の触角にむしろ媚《こ》びてくるもの。——そういったものが自然私を慰めるのだ。

生活がまだ蝕まれていなかった以前私の好きであった所は、たとえば丸善《まるぜん》であった。赤や黄の⑦オードコロンや⑧オードキニン。洒落《しゃれ》た⑨切子細工《きりこざいく》や典雅な⑩ロココ趣味の浮き模様を持った琥珀《こはく》色や翡翠《ひすい》色の香水瓶。⑪煙管《きせる》、小刀、石鹸《せっけん》、煙草《たばこ》。私はそんなものを見るのに小一時間も費やすことがあった。そして結局一等いい鉛筆を一本買うくらいの贅沢をするのだった。しかしここももうその頃の私にとっては重くるしい場所にすぎなかった。書籍、学生、勘定台、これらはみな借金取りの亡霊のように私には見えるのだった。

ある朝——その頃私は甲の友達から乙の友達へというふうに友達の下宿を転々として暮らしていたのだが——友達が学校へ出てしまった後の空虚な空気の中にぽつねんと一人取り残された。私はまたそこからさまよい出なければならなかった。何かが私を追い立てる。

⑥**銭**　通貨の単位。一銭は一円の百分の一の価値。

⑦**オードコロン**　香料の一種。

⑧**オードキニン**　養毛剤の一種。

⑨**切子細工**　彫刻や切り込み細工を施したガラス製品。

⑩**ロココ**　十八世紀にフランスを中心に流行した美術や建築の様式。曲線の多い優美で繊細な装飾が特徴。

⑪**煙管**　刻みタバコを吸う道具。

そして街から街へ先に言ったような裏通りを歩いたり、駄菓子屋の前で立ち止まったり、乾物屋の乾蝦《ほしえび》や⑫棒鱈《ぼうだら》や⑬湯葉《ゆば》を眺めたり、とうとう私は⑭二条のほうへ寺町《てらまち》を下がりそこの果物屋で足を止めた。ここでちょっとその果物屋を紹介したいのだが、その果物屋は私の知っていた範囲で最も好きな店であった。そこは決して立派な店ではなかったのだが、果物屋固有の美しさが最も露骨に感ぜられた。果物はかなり勾配の急な台の上に並べてあって、その台というのも古びた黒い漆塗りの板だったように思える。何か華やかな美しい音楽の⑮快速《アッレ》調《グロ》の流れが、見る人を石に化したという⑯ゴルゴンの鬼面――的なものを差しつけられて、あんな色彩やあんな⑰ヴォリウムに凝り固まったというふうに果物は並んでいる。青物《あおもの》もやはり奥へゆけばゆくほどうず高く積まれている。――実際あそこの人参《にんじん》葉《ば》の美しさなどはすばらしかっ

⑫**棒鱈**　鱈を三枚におろし、頭と背をとって日に干した食品。

⑬**湯葉**　豆乳を煮て上面に生じるタンパク質の皮膜を乾燥させた食品。

⑭**二条のほうへ寺町を下がり**　いずれも京都の通りの名称。

⑮**快速調**　Allegro（イタリア語）。音楽の速度記号。「快速に」の意味。

⑯**ゴルゴン**　ギリシャ神話に出てくる、ステノ、エウリュアレ、メドゥーサの三人姉妹の怪物。ここでは、メドゥーサのこと。頭髪は蛇、黄金の翼を持ち、目は人を石に化する力があったという。

⑰**ヴォリウム**　体積。容量。

た。それから水に漬けてある豆だとか⑱慈姑《くわい》だとか。

　またそこの家の美しいのは夜だった。寺町通りはいったいに賑《にぎ》やかな通りで——といって感じは東京や大阪よりはずっと澄んでいるが——飾り窓の光がおびただしく街路へ流れ出ている。それがどうしたわけかその店頭《みせさき》の周囲だけが妙に暗いのだ。もともと片方は暗い二条通りに接している街角になっているので、暗いのは当然であったが、その隣家が寺町通りにある家にもかかわらず暗かったのがはっきりしない。しかしその家が暗くなかったらあんなにも私を誘惑するには至らなかったと思う。もう一つはその家の打ち出した廂《ひさし》なのだが、その廂が目深《まぶか》にかぶった帽子の廂のように——これは形容というよりも、「おや、あそこの店は帽子の廂をやけに下げているぞ。」と思わせるほどなので、廂の上はこれも真っ暗なのだ。そう周囲が真っ暗なため、店頭に点《つ》けられた幾つもの電灯が驟雨《しゅうう》のように浴びせかける絢爛《けんらん》は、周囲の何ものにも奪われることなく、ほしいままにも美しい眺めが照らし出されているのだ。裸の電灯が細長い螺旋棒《らせんぼう》をきりきり目の中へ刺し込んでくる往来に立ってまた近所にある⑲鎰屋《かぎや》の二階の硝子窓を透かして眺めたこの果物店《くだものみせ》の眺めほど、その時々の私を興がらせたものは寺町の中でもまれだった。

　その日私はいつになくその店で買い物をした。というのはその店には珍しい檸檬が出ていたのだ。檸檬などごくありふれている。がその店というのもみすぼらしくはないまでもただ当たり前の八百屋にすぎなかったので、それまであまり見かけたことはなかった。い

⑱**慈姑**　オモダカ科の多年草。地下の球根茎を食用とする。

⑲**鎰屋**　喫茶店の名前。

ったい私はあの檸檬が好きだ。レモンイエロウの絵の具をチューブから搾り出して固めたようなあの単純な色も、それからあの丈の詰まった紡錘形《ぼうすいけい》の恰好も。――結局私はそれを一つだけ買うことにした。それからの私はどこへどう歩いたのだろう。私は長い間街を歩いていた。始終私の心を圧えつけていた不吉な塊がそれを握った瞬間からいくらか弛《ゆる》んできたと見えて、私は街の上で非常に幸福であった。あんなにしつこかった憂鬱が、そんなものの一顆《いっか》で紛らされる――あるいは不審なことが、逆説的な本当であった。それにしても心というやつはなんという不可思議なやつだろう。

その檸檬の冷たさはたとえようもなくよかった。その頃私は肺尖を悪くしていていつも身体《からだ》に熱が出た。事実友達の誰彼に私の熱を見せびらかすために手の握り合いなどをしてみるのだが私の掌《てのひら》が誰のよりも熱かった。その熱いせいだったのだろう、握っている掌から身内に浸《し》み透《とお》ってゆくようなその冷たさは快いものだった。

私は何度も何度もその果実を鼻に持っていっては嗅いでみた。それの産地だというカリフォルニヤが想像に上ってくる。漢文で習った⑳「売柑者之言《ばいかんしゃのげん》」の中に書いてあった「鼻を撲《う》つ」という言葉が切れ切れに浮かんでくる。そして深々と胸一杯に匂やかな空気を吸い込めば、ついぞ胸一杯に呼吸したことのなかった私の身体や顔には温かい血のほとぼりが昇ってきてなんだか身内に元気が目覚めてきたのだった。……

実際あんな単純な冷覚や触覚や嗅覚や視覚が、ずっと昔からこればかり探していたのだ

⑳**「売柑者之言」** 明《みん》の劉基《りゅうき》(一三一一―一三七五)の文章。「剖《さクニ》レ之《これヲ》如《ごとク》レ有《ルガ》レ烟《けむり》、撲《うツ》ニ口鼻《ヲ》一。」とある。

と言いたくなったほど私にしっくりしたなんて私は不思議に思える――それがあの頃のことなんだから。

私はもう往来を軽やかな興奮に弾んで、一種誇りかな気持ちさえ感じながら、美的装束をして街を闊歩《かっぽ》した詩人のことなど思い浮かべては歩いていた。汚れた手拭いの上へ載せてみたりマントの上へあてがってみたりして色の反映を量ったり、またこんなことを思ったり、

――つまりはこの重さなんだな。――

その重さこそ常々私が尋ねあぐんでいたもので、疑いもなくこの重さはすべての善いものすべての美しいものを重量に換算してきた重さであるとか、思い上がった諧謔《かいぎゃく》心からそんなばかげたことを考えてみたり――何がさて私は幸福だったのだ。

どこをどう歩いたのだろう、私が最後に立ったのは丸善の前だった。[1]平常あんなに避けていた丸善がそのときの私にはやすやすと入れるように思えた。

「今日は一つ入ってみてやろう。」そして私はずかずか入っていった。

しかしどうしたことだろう、私の心を満たしていた幸福な感情はだんだん逃げていった。香水の瓶にも煙管にも私の心はのしかかってはゆかなかった。憂鬱が立てこめてくる、私は歩き回った疲労が出てきたのだと思った。私は画本《えほん》の棚の前へ行ってみた。画集の重たいのを取り出すのさえ常に増して力が要るな！　と思った。しかし私は一冊ずつ抜き出し

[1]「平常あんなに避けていた丸善がそのときの私にはやすやすと入れるように思えた」のはなぜか。

ては見る、そして開けては見るのだが、克明にはぐってゆく気持ちはさらに湧いてこない。しかも呪われたことにはまた次の一冊を引き出してくる。それも同じことだ。それでいて一度バラバラとやってみなくては気が済まないのだ。それ以上はたまらなくなってそこへ置いてしまう。以前の位置へ戻すことさえできない。私は幾度もそれを繰り返した。とうとうおしまいには日頃から大好きだった㉑アングルの橙色《だいだいいろ》の重い本までなおいっそうの堪え難さのために置いてしまった。——なんという呪われたことだ。手の筋肉に疲労が残っている。私は憂鬱になってしまって、自分が抜いたまま積み重ねた本の群《ぐん》を眺めていた。

以前にはあんなに私をひきつけた画本がどうしたことだろう。一枚一枚に目をさらし終わってのち、さて余りに尋常な周囲を見回すときのあの変にそぐわない気持ちを、私は以前には好んで味わっていたものであった。……

「あ、そうだそうだ。」そのとき私は袂《たもと》の中の檸檬を憶《おも》い出した。本の色彩をゴチャゴチャに積み上げて、一度この檸檬で試してみたら。「そうだ。」

私にまた先ほどの軽やかな興奮が帰ってきた。私は手当たり次第に積み上げ、また慌ただしく潰《くず》し、また慌ただしく築き上げた。新しく引き抜いてつけ加えたり、取り去ったりした。奇怪な幻想的な城が、そのたびに赤くなったり青くなったりした。

やっとそれはでき上がった。そして軽く跳《おど》り上がる心を制しながら、その城壁の頂に恐る恐る檸檬を据えつけた。そしてそれは上出来だった。

㉑アングル　Jean Auguste Dominique Ingres（一七八〇—一八六七）。フランス十九世紀の新古典派を代表する画家。

見渡すと、その檸檬の色彩はガチャガチャした色の階調をひっそりと紡錘形の身体の中へ吸収してしまって、カーンと冴《さ》えかえっていた。私は埃《ほこり》っぽい丸善の中の空気が、その檸檬の周囲だけ変に緊張しているような気がした。私はしばらくそれを眺めていた。

不意に第二のアイディアが起こった。その奇妙なたくらみはむしろ私をぎょっとさせた。

――それをそのままにしておいて私は、何食わぬ顔をして外へ出る。――

私は変にくすぐったい**2**気持ちがした。「出ていこうかなあ。そうだ出ていこう。」そして私はすたすた出ていった。

2変にくすぐったい気持ちが街の上の私を微笑《ほほえ》ませた。丸善の棚へ黄金色に輝く恐ろしい爆弾を仕掛けてきた奇怪な悪漢が私で、もう十分後にはあの丸善が美術の棚を中心として大爆発をするのだったらどんなにおもしろいだろう。

私はこの想像を熱心に追求した。「そうしたらあの気詰まりな丸善も木端微塵《こっぱみじん》だろう。」そして私は活動写真の看板画《かんばんえ》が奇体な趣で街を彩っている京極を下がっていった。

2「変にくすぐったい気持ち」とは、「私」のどのような心情を表現しているか。

梶井基次郎 一九〇一年（明治三四）―一九三二年（昭和七）。小説家。大阪府生まれ。一九二五年（大正一四）、『檸檬』その他で作家として出発、宿痾《しゅくあ》となった肺病と闘いながら、独特の詩的感受性を持った作品を残した。作品に『城のある町にて』『冬の日』『冬の蠅《はえ》』『ある崖上の感情』などがある。本文は『梶井基次郎全集　第一巻』によった。

学習の手引き

一 「生活がまだ蝕まれていなかった以前」（一九・9）の「私」が好んだものと、「その頃」（一七・9）の「私」が好んだものを作中からあげ、どのような相違点があるか説明してみよう。

二 「ある朝」の「私」が移動した経路を、参考図をもとにたどり、場所ごとの心情の変化を次のように整理しよう。

1 寺町通りの果物屋で「檸檬」を購入するまで。
2 「檸檬」を購入して丸善に入るまで。
3 丸善に入ってから、「檸檬」を置いて街を歩いていくまで。

三 「冷覚や触覚や嗅覚や視覚が、ずっと昔からこればかり探していたのだと言いたくなったほど私にしっくりした」（二二・17）という部分について、次のことを説明してみよう。

1 本文から「檸檬」を描写した表現を抜き出し、「冷覚や触覚や嗅覚や視覚」のそれぞれの感覚ごとに整理しよう。
2 「私」が「檸檬」から受けた印象をもとに、「檸檬」が「私」に「しっくりした」理由を話し合ってみよう。

活動の手引き

一 『檸檬』に先行する同じ作者の作品として、一九二二年の詩『秘《ひそ》やかな楽しみ』がある。両者を読み比べ、相互の違いから考えたことを、文章にまとめて発表し合おう。

言葉の手引き

一 次のそれぞれの漢字を使った熟語をあげてみよう。

1 搾る　2 紛らす
3 弾む　4 慌ただしい

二 次の傍線部の擬態語が表している状態を説明してみよう。

1 ぽつねんと一人取り残された。（一九・16）
2 ずかずか入っていった。（二三・13）
3 ガチャガチャした色の階調（二五・1）
4 カーンと冴えかえっていた。（二五・2）

三 次の比喩は、それぞれどのような状態を表しているか、説明してみよう。

1 背を焼くような借金（一七・4）
2 これらはみな借金取りの亡霊のように私には見えるのだった。（一九・14）
3 幾つもの電灯が驟雨のように浴びせかける絢爛（二一・10）
4 裸の電灯が細長い螺旋棒をきりきり目の中へ刺し込んでくる往来（二一・12）

旅する本

角《かく》田《た》光《みつ》代《よ》

学習のねらい

短編小説の特色を理解し、本との再会を繰り返すたびに実感される「私」の変化を読み取る。

その本を売りに出したのは、十八歳のときだった。

実家を出て、東京でひとり暮らしをすることになっていた。六畳とトイレしかない、ちいさな部屋だった。実家から運びこんだもので部屋はさらにせまくなるし、飲み会や映画で仕送りはすぐに消えてしまうしで、本やレコードを全部うっぱらってしまうことにした。

学生街の、ひっそりとした古本屋に紙袋二つほどの本を持ちこんだ。値の張る貴重本は一冊もなく、漫画や小説ばかりだった。

銭湯の番台さんが座るような高座に座った主人は、めがねをずりあげずりあげしながらそろばんをはじき、ある一冊でふと手を止めた。そして私をじろりとにらみ、

「あんたこれ売っちゃうの？」と訊《き》いた。

意味がよくわからなかった。今は亡き作家の初版本でもないし、絶版になった本でもない。大型書店にいけば手にはいるような、それは翻訳小説だったのだ。

「え……価値があるんですか。」

私は訊いた。その質問が、店の主人には気に入らなかったらしく、彼は大げさに首をふって私を見据え、

「あんたね、価値があるかどうかなんてのは、人に

訊くことじゃないよ。自分で決めることだろう。」と言う。

「そりゃそうでしょうけど……」私はむっとして言った。なんで本を売りにきて古本屋の老人に説教されなきゃなんないのか。

「ま、いいけどね。」

老人はまたそろばんはじきに戻る。三千四百七十円、苦学生らしいからそれに免じて三千五百円。そろばんから顔を上げると、きっぱりした声で主人は言った。

そーんなに安いのかとびっくりした。だって、一冊一冊、高校生の私は身を切られるような思いで買い集めたものなのだ。服も化粧品も雑貨もケーキも、全部我慢して買った本だってあるのに、そんなに安くなっちゃうのか。古本屋って、もっと高く買ってくれるものだと思ってた。

私の考えを読んだかのように、

「どうする、やめる?」

主人は訊いた。

「いいえ、売ります。」

私は答えた。三千五百円なら、今日のコンパ代くらいにはなるだろう。老人の差し出す紙幣と小銭を、私は重々しく受け取った。

「あんた、本当にいいの、これを売っちゃって。」

店のガラス戸に手をかけた私に、老人がもう一度声をかけた。ふりむくと、さっきの翻訳小説をこちらに向けて持っている。

「なんでですか。」

不安になって私は訊いた。

「いや、べつにいいんだ、売るなら売るで。」

老人は言い、私の持ちこんだ本を重ねて抱え、奥へとひっこんでしまった。老人が座っていた場所にできた空白を、数秒のあいだ私はぼんやりと眺めた。

しばらくのあいだ、あの本を手放したことによって、何か不自由が生じるのではないかと不安だった。たとえば古本屋の店主が予言者か何かで、この本を手放すことによってあなたはとてつもない不幸に見舞われると、忠告してくれたのではないか、なんて思ったのだった。

けれどこれといって不都合は何もなかった。日々はいつもとかわらずに過ぎていった。私は授業に出、友達と飲み会をし、ちいさなアパートに帰ってきて眠った。本が手元にあったときと何ひとつ変わることはなかった。

やがて卒業するころには、手放してもいいのかと念押しされたことはおろか、古本屋に本を売ったこと自体、きれいさっぱり忘れていた。

卒業旅行で私はネパールにいった。本当は、友人たちとヨーロッパ周遊に出かけるはずだったのだが、所持金が心許《こころもと》なく、結局あきらめて、ヨーロッパ周遊よりは安いネパールへひとりでいくことにしたのだった。

ひとり旅ははじめてだったが、ものごとは思ったよりスムーズに進んだ。①カトマンズで②目玉の寺を見、③死体を焼く寺を見、埃《ほこり》くさいカトマンズの町を歩きまわった。

そこからバスに乗って④ポカラへ移動した。ポカラでは⑤ダムサイドに宿を取り、毎日ボートに乗ったり、

---

①カトマンズ　ネパールの首都。
②目玉の寺　ネパール最古の仏教寺院スワヤンブナートのこと。四面に仏陀《ぶっだ》の目が描かれた仏塔がある。
③死体を焼く寺　ネパール最大のヒンズー教寺院パシュパティナートのこと。遺灰をバグマティ川に流すため火葬場を併設する。
④ポカラ　カトマンズの西にある都市。ペワ湖のほとりにあり、ヒマラヤ山脈を望む。
⑤ダムサイド　ペワ湖東岸・南側の地域。

自転車をこいだりして過ごした。全体的に暇だった。

珍しく雨が降ったその日、暇をもてあました私は、宿の近くにある古本屋へいった。全世界の旅行者たちが売っぱらっていった本が、狭い店内いっぱいに並べられている。言語別にもジャンル別にもなっておらず、ドイツ語の[6]八十日間世界一周の隣には、イタリア語の分厚い[7]ペーパーバックがあり、その隣にはタイ料理の本があり、その隣には[8]ロンリープラネットのチベット編があった。古本屋は暗く、ひんやりとしていた。奥に置かれたテーブルに、分厚いめがねをかけた老人がひっそりと座っており、自分の顔より大きな本を、指をなめなめめくっていた。

古本屋というのはどこの国でも何か似ているものなのだろうかと私は思った。ひっそりと音を吸いこむ本。古びた紙のにおい。本を通過していった無数の人の、ひそやかな息づかい。

日本語の本もときおり差し挟まれていた。英語の[9]スティーブン・キングの隣に、表紙のぼろぼろになった[10]安部公房《あべこうぼう》があったり、漢字の読めない中国語の本の隣に、真新しい[11]遠藤周作《えんどうしゅうさく》があったりした。

最初は、まったく整頓されていない本の配列に私はいらいらさせられたが、次第に背表紙の日本語だけが目に飛びこんでくるようになった。

開け放たれた店のドアから入りこむ、ひっきりなしの雨の音を聞きながら、私は日本語を捜して棚から棚へと視線をさまよわせる。

ふと見慣れた文字が目の端をとらえ私は立ち止まった。

それをつかまえようと、ゆっくりと目線を移す。ずらり並ぶ各国語のタイトルのなかに、今視界を横切った何かを捜す。

それはすぐに見つかった。

ロンリープラネットのメキシコ編と、フランス語版[12]マザーグースの真ん中に、窮屈そうにその本はあった。私が大学に入った年に売ったのと同じ、翻訳小説だった。本当にこれを売っていいのと古本屋の主人に訊かれた、あの本だ。私は学生街のあの本屋のことを主人のはじくそろばんと、売っていいのかと訊くしわがれた声を、一瞬にして思い出した。

何が売っていいの、だ。ネパールの、ポカラの古本屋にもあるような本じゃないか。鼻で笑いながらその本を抜き出し、ぱらぱらとめくり、けれどいつのまにか笑いは消えていた。

本の一番最後のページ、物語が終わって⑬奥付《おくづけ》があり、めくるとほかの本の宣伝があり、そのあとに空白のページがある。空白のページに、Kの文字とちいさな花の絵が書いてある。シャープペンシルで引っ掻《か》くように書いてある。

この本は、ほかのだれかが売ったものではなく、私が売った本であると、数秒後、私は認めた。

このアルファベットと花の絵は、高校生の私自身が描いたものだった。放課後のケーキを我慢してこの本を買った高校生の私は、友達に貸してと頼まれ、絶対返してね、大切な本なんだからねと言い、冗談

---

⑥**八十日間世界一周**　一八七二年発表のフランスの小説。作者はジュール・ヴェルヌ。
⑦**ペーパーバック**　薄い紙表紙の略装本。　⑧**ロンリープラネット**　旅行ガイドブックのシリーズ名。
⑨**スティーブン・キング**　Stephen Edwin King（一九四七―）。アメリカの小説家。
⑩**安部公房**　一九二四―一九九三。小説家。　⑪**遠藤周作**　一九二三―一九九六。小説家。
⑫**マザーグース**　イギリスの伝承童謡の総称。
⑬**奥付**　書物の末尾にある、書名・著者・発行所・発行年等を記した部分。

交じりに自分のイニシャルと絵を描いたのだった。学生街の古本屋で売ったときはすっかり忘れていたが、高校生の記憶はポカラの古本屋で鮮明に思い出された。

どういうことなんだろう。だれかがあの店でこれを買い、わざわざ持参してネパールを旅したんだろうか。日本人旅行者が多く見受けられる町だから、あり得ないこともない。

私は抜き出した本をぱらぱらとめくった。

これを買うべきだろうか。それとも、ここに戻しておくべきだろうか。

迷って、結局、買った。これも何かの縁なんだろうと思ったし、ぱらぱらとめくった感じでは、私はストーリーの大半を忘れていた。暇つぶしに読もうと思ったのだった。

壁と屋根があるだけの、屋台同然のお茶屋で、甘いミルクティを飲みながら私は自分の売った本を読んだ。実際ストーリーはほとんど忘れていた。というより、ものすごい思い違いをしていたことに気づかされた。

主人公の友達の妹だと思っていた女性は彼の恋人だったし、彼らはホテルを泊まり歩いているとなぜか思いこんでいたが、実際は、安アパートを借りて住んでいた。

しかも、おだやかな日常を綴《つづ》った青春系の本だという印象を持っていたが、そうではなく、途中からいきなりミステリの様相をおびはじめ、緊迫した場面がいくつも続く。

私は夢中で本を読んだ。記憶のなかのストーリーとの、間違い捜しに夢中になって。

雨はなかなか降り止《や》まなかった。店を手伝っているちいさな子どもが、私の広げた本の表紙をのぞき込んで肩をすくめる。雨の音が店じゅうを浸している。いつのまにか、■1活字の向こうに、高校生だった私が見え隠れする。ネパールという国の場所も、恋も知らないおさない私。

その本を、私はカトマンズでもう一度売った。本当は、これも何かの縁だろうから持って帰るつもりだった。けれど荷物がどうにも重くて、ポカラで買った本と、古びたパーカ⑭と、ネパールのガイドブックを、路上で店を出しているバックパッカー⑮に買ってもらった。世界放浪中らしい彼は、旅行者からなんでも買い、なんでも売っている。穴の開いた靴下も、色あせたトランクスも売っている。私の持ちこんだそれらも、彼は気やすく買ってくれた。それらを売った代金で、その夜私はビールを飲み、水牛の串焼きを食べた。ネパール最後の夜を祝した一人きりの晩餐《ばんさん》だった。帰り道、路上に品物を並べたバックパッカーが街灯に照らされていた。売り物のなかには私の本もあった。ドラえもん柄の腕時計の隣でひっそりと、だれかの手に取られるのを待っていた。

古本屋というのは、世界のどこにでもある。チェコにもあるし、イタリアにもある。モンゴルの古本屋は路上販売をし、ラオスの古本屋はお祭りの際に屋台を出店する。

そして三度目に私がその本にあったのは、アイル

■1「活字の向こうに、高校生だった私が見え隠れする。」とは、具体的にどういうことか。

⑭**パーカ**　フードが付いた防寒・防風用の上着。パーカー。

⑮**バックパッカー**　低予算で個人旅行をする人。バックパック（リュックサック）を背負ったスタイルからこう呼ぶ。

ランドの学生街にある古本屋だった。

　その学生街に、私は仕事で立ち寄っていた。その町では毎年十月に、盛大な音楽フェスティバルが行われる。町の至るところでジャズやロックやクラシックが毎日演奏される。その取材のために私はその町に滞在していたのだった。

　取材もほぼ終わりかけ、帰国日も迫ったその日の夕方、パブ[16]にいくつもりでホテルを出たのだが、目当てのパブはまだ閉まっていた。あと一時間ほど待たなければパブは開かない。時間つぶしに町をぶらついていた私は、ある書店の扉を開けた。

　ふつうの本屋だとばかり思っていたのだが、ドアを開くと、古本屋の、あの独特のにおいがする。数日前の雨を残したような、静寂に活字が沈み込んだような、あのなじみ深いにおい。そうなのだ、古本屋は世界じゅうどこでもおんなじにおいがする。たとえそれが路上の店であっても。

　時間をつぶすだけなのだから、普通の本屋でも古本屋でもかまわない。私はドアの内側にすっとからだをすべりこませ、店に充満するにおいを嗅ぎながら、ずらりと並ぶ本の背表紙を眺めて歩いた。

　学生のとき自分が売って、ポカラで見つけ、カトマンズで再び売ったその本のことを、私はすっかり忘れていた。だから、見覚えのあるその背表紙を見たときも、何がなんだかわからなかった。ぽかんとそれを眺めて数秒後、この本を私はとてもよく知っていると気がついた。

　けれどまさかおんなじ本であるはずがなかった。そんな偶然が続くわけはなかった。

　それが私の売ったのと同じ本でないことを確認するためだけに、私はそれを本棚から抜き出した。私の本には、最後のページにいたずら書きがあるはずだった。イニシャルと、たしか花の絵だ。私はゆっくりと、奥付をめくり、宣伝をめくり、そしてそこに見つけてしまう。もうかすれかけたイニシャルと、花の絵を。

それは私が十八のときに売り、卒業旅行でまた売った、同じ本に間違いがなかった。

私はその本をレジに差し出した。その本を抱え、目当てのパブに向かって歩いた。パブはもう開いていたが、まだがら空きで、私はカウンターに腰かけてギネス[17]を頼み、本を取り出してページを開いた。

現実味がまるでなかった。❷これは夢なのではなかったか。アイルランドも音楽祭も、取材も古本屋も全部、長い長い夢ではなかったか。

けれど運ばれてきたギネスはきちんとギネスのもったりとした味がしたし、煙草《たばこ》の先から手の甲に落ちた灰はきちんと熱かった。私はギネスを飲み、ちいさくかかるアイルランドの音楽を聴きながら、本をとばし読みした。

本はまたもや意味をかえているように思えた。ミステリのように記憶していたが、そうではなく、日々の断片をつづった静かで平坦《へいたん》な物語だった。若い作者のどこか投げやりな言葉で書かれた物語のように記憶していたが、単語のひとつひとつが慎重に選び抜かれ、文章にはぎりぎりまでそぎ落とされた簡潔なうつくしさがあり、物語を読まずとも、言葉を目で追うだけでしっとりと心地よい気分になれた。

そうして私は、薄暗いパブの片隅で気づく。

かわっているのは本ではなくて、私自身なのだと。

ケーキの代金を節約したむすめは、家を離れ、恋や愛を知り、その後に続くけっしてうつくしくはない

---

⑯**パブ**　「パブリック・ハウス（Public House）」の略。イギリスとアイルランドの伝統的な大衆酒場。

⑰**ギネス**　アイルランドの黒ビールの銘柄。

❷「これは夢なのではなかったか。」には、どのような気持ちが示されているか。

顚末《てんまつ》も知り、友達を失ったり、またあらたに得たり、かつて知っていたよりさらに深い絶望と、さらに果てのない希望を知り、うまくいかないものごとと折り合う術《すべ》も身につけ、けれどどうしても克服できないものがあると日々確認し、そんなふうに、私の中身が少しずつ増えたり減ったりかたちをかえたりするたびに、向き合うこの本はがらりと意味をかえるのである。

売っていいの、とあのとき古本屋は私に訊いた。そう訊かれなければ、きっと私はネパールでもアイルランドでも、古本屋でこの本を見つけることはできなかっただろう。

たしかにこの本は、売ってはいけない本だったのかもしれない。だって、ここまでついてくるのだもの。

どういうわけだか知らないが、この本は私といっしょに旅をしているらしい。また数年後、どこかの町の古本屋で私はまたこの本に出会い、性懲りもなく買うだろう。最後のページに書かれた印を確認し、そしてまた、お茶屋やパブで、ホテルの部屋や公園で、ページを開き文字を追い、そこでかわったりかわらなかったりする自分自身と出会うだろう。

アイルランドからの帰国途中に、ロンドンに寄ることになっている。そこで私はまた、売ってはいけないこの本を売ろうと思う。その思いつきは不思議なくらい私をわくわくさせる。今度はどこまで私を追いかけてくるか。そのとき私は、この本のなかにどんな自分を見いだすのか。

ギネスを飲み干し、グラスの内側に残る、影みたいな茶色い泡を眺めながら、本を閉じる。❸気がつけば店は徐々にこみはじめ、あちこちに見知らぬ人の交わす楽しげなおしゃべりが満ちていて、私は声を張り上げて、カウンターの奥にいる店主にギネスのお代わりを注文する。

❸末尾の一文は、物語の構成上、どのような効果をあげているか。

角田光代　一九六七年（昭和四二）―。小説家。神奈川県生まれ。初めは彩河杏《さいかわあんず》名義でジュニア小説を執筆。一九九一年（平成三）、『幸福な遊戯』で一般誌に転じ、二〇〇五年（平成一七）、『対岸の彼女』で直木賞を受賞した。作品に『空中庭園』『八日目の蝉《せみ》』『森に眠る魚』、現代語訳『源氏物語』などがある。本文は『さがしもの』によった。

学習の手引き

一　「その本」（二七・上1）を入手してから、売りに出すまでの状況、再会するまでの状況を、本文に即して整理してみよう。

二　「かわっているのは本ではなくて、私自身なのだ」（三五・下12）とあるが、高校生、大学卒業時、現在（社会人）のそれぞれの時期における「私」の本の受け止め方をふまえ、次の二点について、想像を交えて整理してみよう。

1　本の内容の解釈や受けたイメージ

2　そのときの「私」の境遇や状況

三　「その本」が「私」にとって持つ意味を考え、本に対する思いがどのように深められているか、話し合ってみよう。

活動の手引き

一　小説中の「その本」と「私」との関係のように、その時々で自分自身の変化を実感させる「もの」との出会いがないか、自分の経験を発表し合おう。

言葉の手引き

一　次のかたかなを、傍線部の字の違いに注意して、漢字に改めよう。

1　ヘイイ破帽の青年。
　　シヘイを数える。

2　キョウゲキ作戦を決行する。
　　キョウシュウ住宅に住む。

二　次の語句の意味を調べてみよう。

1　身を切られるような（二八・上12）

2　…はおろか（二九・上13）

3　投げやり（三五・下6）

4　性懲りもない（三六・下1）

三　「そーんなに……と思ってた。」（二八・上11）に見られる表現上の特徴と、その効果を話し合ってみよう。

富嶽百景《ふがくひゃっけい》

中島京子《なかじまきょうこ》

学習のねらい
さまざまな文芸的話題や引用が散りばめられた作品を読んで、小説の奥深さとおもしろさを味わう。

私が二度目に①津軽《つがる》へ行ったのは、四、五年前のことになる。友人のつれあいが②弘前《ひろさき》の生まれで、毎年夏になると見に行くというねぶた祭りに誘われたのだ。この人は、本当に無口で、いつの間にか私の中で東北男の見本のようになっているが、東北の男性が真実寡黙なのかどうか、よくわからない。③千昌夫《せんまさお》が歌っていた『北国の春』に出てくる、「あにきとおやじ」と、この友人の結婚相手だけがサンプルなのである。

私たちが出かけたのは、私がそこに滞在できた日程の都合で、青森の「ねぶた祭り」だった。初めて見る「ねぶた」は、大迫力で、私は十分楽しかった。でも、彼が本当に私に見せたかったのは、弘前の④「ねぷた祭り」だったらしい。

誰かといっしょに旅行して、本当によかったと思う瞬間は、その人の本質にちょっとでも触れることができたときだ。私は、つきあいが長い割に、ほとんど口を利いたことのない友人の夫の、深い郷土愛を知って本当に驚いた。

ダイナミックさが売りものの青森の「ねぶた」より、扇形の張りぼてに絵を描いた「ねぷた」のほうが、やや繊細な味わいがあるのだと話してくれたのは、妻である友人のほうだったが、それにも、うん、うん、と深くうなずいていた夫本人が、なぜだか突然熱く「⑤八甲田山《はっこうださん》、死の行軍」について語り出し、「青森第五連隊は全滅してしまったが、弘前第三十一連隊はちゃんと帰ってきたんだ。」と誇らしげに語ったときは、目を見張った。自分と同世代の彼が、明治時代の軍隊を友達が入隊していたみたいに身近に感じているらしいことに、びっくりしたのだ。

友人夫婦よりも一足先に東京へ帰る私を、新幹線の駅に送り届けてくれる道で、運転席の彼が、

「⑥岩木山が見えるよ。」

と、言ったときの、断固たる口調も耳に残っている。彼は、一年に一回だか二回だか、ともかく岩木山を拝まないと心身が落ち着かないらしい。

先っぽをつんと尖《とが》らせて、左右になだらかな稜線《りょうせん》を描く岩木山は青く、大きかった。この山を見て育った人は、何度だって会いに戻らずにはいられないだろう。少なくとも、会いたいという思いを持ち続けるだろう。そして、いつだって山はそこにある。岩木山の別名は、「津軽富士」だそうだ。

この「〇〇富士」という呼び名は、探せばたくさんあるのだろうが、私にいちばんなじみが深いのは、

①**津軽**　青森県の西半分の地域をさす呼称。江戸時代に津軽氏が治めていた領域をさす。弘前は、津軽地方の中心都市。
②**ねぶた祭り**　青森県青森市で、毎年八月初旬に開催される夏祭り。武者等を象《かたど》った人形型の山車灯籠《だしとうろう》を引く。
③**千昌夫**　一九四七—。岩手県出身の演歌歌手。『北国の春』は、一九七七年に発表され、ミリオンヒットとなったシングル曲。
④**ねぷた祭り**　青森県弘前市で、毎年八月初旬に開催される夏祭り。武者絵の描かれた扇形の山車灯籠を引く。
⑤**八甲田山、死の行軍**　一九〇二年（明治三五）に起こった雪山遭難事故。青森県中央部の八甲田山で軍事訓練中の一九九人が死亡した。
⑥**岩木山**　青森県弘前市と鰺ヶ沢《あじがさわ》町に位置する山。標高一六二五メートル。

⑦「タコマ富士」だ。

タコマ富士は、アメリカ、ワシントン州にある。十年前、短い期間だが暮らしていたシアトルで、背の高いビルに登ると、天気のいい日には必ず見えた（ところで、雨で有名なシアトルで天気のいい日に出会えるのは、けっこうこれで稀《まれ》ではあるのだが⑧）。

明治期から日系移民が入り、広大なストロベリー・フィールドを開拓したワシントン州で、日々の労働の合間に仰ぎ見る、アメリカ先住民の霊峰マウント・レーニエを、彼らは故国の名山になぞらえて「タコマ富士」と呼んだ。

レーニエ山は美しく、荘厳で、移民一世たちが「富士」と呼びたくなった気持ちがわからないではなかったが、眺めているとなぜだか[1]自分の中の小さなナショナリズムが顔を出し、「でも、ほんとの富士山は、もっときれい。」と思ったものだ。

だから、彼の地で日本文化を紹介する臨時雇いの先生をしていた私は、小学校の教室で、「日本でいちばん高い山、富士山と、ワシントン州でいちばん高い山、レーニエ山では、どっちが高いでしょう？」クイズを出題するたび、なにか割り切れない思いを抱いた。

答えは、レーニエ山なのだ。この答えを出すと、子供たちはヒャッホーと喜ぶ。私はちょっと、悔しい。「でも、きれいでしょ？　ね、富士山は、形がすごく、きれいよね？」と言ってみたい気持ちに駆られるが、児童相手にむきになってもしかたがないから、曖昧に笑う。

⑨太宰《だざい》は『富嶽百景』の中で、

「たとえば私が、印度かどこかの国から、突然、鷲《わし》にさらわれ、すとんと日本の⑩沼津《ぬまづ》あたりの海岸に落とされて、ふと、この山を見つけても、そんなに驚嘆しないだろう。ニッポンのフジヤマを、あらかじめ憧れているからこそ、ワンダフルなのであって、そうでなくて、そのような俗な宣伝を、一切知らず、素朴な、純粋の、うつろな心に、はたして、どれだけ訴え得るか、そのことになると、多少、心細い山である。低い。裾の広がっている割に、低い。あれくらいの裾を持っている山ならば、少なくとも、もう一・五倍、高くなければいけない。」
と書いている。

そうなんだろうか。私は低くても、いいと思うが。

⑪夏目漱石《なつめそうせき》は明治四十四年にこんな講演をした。

「外国人に対して、おれの国には富士山があるというようなばかは今日はあまり言わないようだが、戦争以後一等国になったんだという高慢な声は随所に聞くようである。なかなか気楽な見方をすればできるものだと思います。」（『現代日本の開化』）

文豪は、富士山自慢に少し厳しい目を向けるものらしい。

漱石が講演したのは、日露戦争直後で戦勝気分に沸いていたころだし、『富嶽百景』が発表されたのは昭和十四年、日中戦争のさなか、日本中が⑫翼賛体制を作り上げていくころだから、明治と昭和の世代の違う文豪二人は、ともに「富士」に向けられるナショナリズムの胡散臭《うさんくさ》さを、嫌ったのだとも言えそうだ。

---

⑦**タコマ富士**　日系移民が、移住した港町タコマの名を借りて付けたレーニエ山の別称。標高四三九二メートル。

⑧**ストロベリー・フィールド**　イチゴ畑。二十世紀初めのワシントン州では、日系移民によるイチゴ栽培が盛んだった。

❶「自分の中の小さなナショナリズム」とは、どのようなものか。

⑨**太宰**　太宰治《おさむ》（一九〇九―一九四八）。小説家。『富嶽百景』の中に、「富士には、月見草がよく似合う。」（⬇p.50）の一節がある。

⑩**沼津**　静岡県沼津市。

⑪**夏目漱石**　一八六七―一九一六。小説家。『三四郎』は、一九〇八年（明治四一）に発表された長編小説。⬇p.113

⑫**翼賛体制**　日中戦争の長期化に伴い形成された政治体制。一九四〇年（昭和一五）には大政翼賛会が結成された。

「こんな顔をして、こんなに弱っていては、いくら日露戦争に勝って、一等国になっても駄目ですね。もっとも建物を見ても、庭園を見ても、いずれも顔相応のところだが、――あなたは東京が初めてなら、まだ富士山を見たことがないでしょう。今に見えるから御覧なさい。あれが日本一の名物だ。あれよりほかに自慢するものは何もない。ところがその富士山は天然自然に昔からあったものなんだからしかたがない。我々がこしらえたものじゃない。」

漱石は『三四郎』の広田先生にも、そう言わせている。この後、三四郎本人に「しかしこれからは日本もだんだん発展するでしょう。」と、おめでたい発言をさせ、先生には「亡《ほろ》びるね。」と一刀両断に切り捨てさせた。

夏目漱石がどの時点の日本までを予見していたかはわからないけれども、とにかく第二次大戦の敗戦でいったん日本は「亡びる」ほどの大打撃を受け、それから復興を成し遂げ、⑬「ジャパン・アズ・ナンバーワン」とか言われて浮かれた直後に、経済破綻を来す、といった軌跡をたどった。

今はまた、⑭「バブル以来の」景気のよさだそうだが、そんなことは実感として感じられないし、過去の経験から言って「またすぐ悪くなるんでしょ。」と疑ってしまうのは、私も年取ったってことか。

「関東大震災と東京大空襲で二度すっからかんになってるもんで、わたしゃ、宵越しの金は持たない主義です。」と言ったりするおじいさんが、昔は近所や親戚に一人くらいいたものだが、もしかしたら私も「バブルってのは、破裂するためにあンだろ。」と若い者にこざかしく説教しかねない、将来「バブルばばあ」と呼ばれるようなものに、少しずつなりつつあるのかもしれない。

ともかく、私自身は、富士山は多少低くたって、きれいだからいいと思うし、「我々がこしらえたもの」じゃなくっても、「❷おれの国には富士山があるというようなばか」を言ってみたい衝動に、しばしば駆られる。それはナショナリズムというよりも、むしろ、「あれよりほかに自慢するものは何もない」、自信喪失に近い感覚からなのかもしれない。

私の義兄は、フランス人である。

姉と二人の子供を成し、パリ郊外の街で暮らしている彼の職業は、経営コンサルタントとか、事業プランナーとか、なんとかエージェントみたいなもので、私には何度聞いてもきちんと理解できない。しかし、彼は趣味で絵を描いており、⑮コラージュなんかもとても上手で、こちらの才能は割合あるんじゃないかと、身内の欲目もからんで、時々思う。

その彼の絵やコラージュに、必ずといって登場するのが「ｆｕｊｉ」だった。

まだ、姉と彼が恋人同士だったころ、うれしそうに広げて見せてくれたスケッチブックには、君は⑯北《ほく》斎《さい》か、とからかいたくなるような、何十枚もの「ｆｕｊｉ」が描かれていた。とても我が姉とは思えない肉感的な美女の背に踊っている「ｆｕｊｉ」、セーヌの河岸にお引っ越しをしたらしい「ｆｕｊｉ」、ひゅんひゅんひゅんと、一筆で描かれたシルエットの

---

⑬「ジャパン・アズ・ナンバーワン」　アメリカの社会学者エズラ・ボーゲルが一九七九年に発表した著書のタイトル。

⑭**バブル**　一九八六年から一九九一年にかけての、大規模金融緩和によって株価や地価などの資産価格が異常に高騰した好景気のこと。

❷「『おれの国には富士山があるというようなばか』を言ってみたい衝動に、しばしば駆られる」のは、なぜか。

⑮**コラージュ**　画面にさまざまな素材を組み合わせて構成する絵画の技法。

⑯**北斎**　葛飾《かつしか》北斎（一七六〇—一八四九）。江戸後期の浮世絵師。富士山を主題とした作品に『富嶽三十六景』『富嶽百景』がある。

下に、ローマ字で小さく「ｆｕｊｉ」と書いてある。

「ワタシハ、フジガ、ダイスキ。」

と、満面に笑みをたたえるこのフランス人が、本物の富士山を見たことがないと知ったのは、彼と姉との交際が始まって五、六年は過ぎたころだった。

新幹線に乗って、京都見物に出かけた二人は、当然車窓から美しい富士の雄姿を楽しむつもりだったのだが、あいにくの天気に阻まれたか、すっかり日本事情に疎くなった姉が[17]左右を間違えたのだったか、ともかく下り線では見逃してしまった。

今度こそ逃してはならじと意気込んでいた上り線では、疲れが腹に来てしまった彼が、どうもここぞというあたりでトイレに行ってしまったらしい。大急ぎで出てきて席に戻りつつ、「フジ、フジ。」と発する外国人は、車両中の同情を買い占めたという。

「みんな、『見たかったでしょう、お気の毒に。』と、こっちを見るの。」

そう、姉が言った。「ほんのちょっと、新幹線をバックさせてでも見せてやりたい。」というような、善意の渦を感じたそうだ。

義兄に、富士山を見せたい。

この話を聞いた私は、強くそう思った。「ひかり」だか「こだま」だか（「のぞみ」ではなかったと思うが）、一車両分の同胞の、「外国人にニッポンのフジ、見せてやりてえ。」という思いに感染したのだ。

まずは、東京タワーや都庁の展望台を思いついた。ところが彼は高所恐怖症だと言う。東京からでも、高いところから眺めれば富士山は見えるんだけど、と提案すると、ノンとそっぽを向かれてしまった。

何よりまずいのは、彼らが日本へ来る季節なのだ。フランス人が最も長い休暇を取るのは、ご存じのように「夏のバカンス」だ。そういうわけで、姉夫婦が日本へやってくるのは、七月から八月にかけてが、多い。しかも、お休みの前半を日本で、後半をフランスで過ごすと、なんとなく決めているらしく、まともに梅雨にぶつけて来たりするのだ。

しかし、梅雨にだって、晴れ間というものがある。見せてやれないはずはない。

その年の夏、私は姉夫婦と生まれて四か月の姪《めい》を車に乗せて、伊豆《いず》旅行を決行した。

出発の日、義兄は朝からはしゃいでいた。

私は彼を鎌倉に連れていった日のことを思い出した。駐車場を出て、⑱高徳院の拝観料を払ったあたりで、お楽しみを最後にとっておきたい一心から両手で目を塞いで、

「ダレ、ダレー? ダレ、ダレー?」

と、独特の日本語ボキャブラリー(誰がいるのかな?という意味だろう)でもって、心の準備を始め、ここよ、と姉に促されて掌《てのひら》を開き、大仏を目の当たりにしたときの、彼の瞳の輝きを。本物の富士山を見たら、あれの倍くらい喜ぶだろう。

しかし、伊豆行きの日も曇天で、のっけからは富士が望めず、まさに旅には「暗雲が垂れ込め」ていた。
⑲東名からは、富士が見えなかった。「いつもは、こっから、ぽこーんと」見えるような地点でも、見えなかった。
途中に寄った箱根でも、雲に阻まれた。「いや、⑳芦《あし》ノ湖《こ》の上にくっきりと」浮かぶはずの富士は、影も形も見せなかった。これではロープウェイで㉑駒ケ岳《こまがたけ》

⑰**左右**　富士山が見えるのは、新幹線の座席のE席側。上りでは左手側、下りでは右手側になる。
⑱**高徳院**　神奈川県鎌倉市にある浄土宗の寺院。鎌倉大仏として有名な阿弥陀如来坐像を本尊とする。
⑲**東名**　東名高速道路。　⑳**芦ノ湖**　神奈川県足柄《あしがら》郡箱根町にある湖。景勝地として有名。
㉑**駒ヶ岳**　ここは、箱根駒ヶ岳のこと。標高一三五六メートル。

に上っても見えないだろうと思われたし、だいいち義兄はロープウェイに乗ったら立ちくらみがするだろうと断言した。

　気を取り直して出発すると、今度は本格的に降り出した。雨脚はどんどん強くなり、最後は豪雨に見舞われた。しかたがないので㉒下田《しもだ》でうなぎを食べて、お魚のおいしい旅館に泊まり、「お天気さえよければねえ。」と言いながら東京に帰ってきた。二泊三日の旅行中、富士はおろか、太陽も拝めなかったのだった。

　彼はしみじみ、義理の妹に漏らした。

「みんなが富士山は美しいって言ったんだ。いろんな絵や、写真も見た。でも、何度も日本に来ているのに、自分の目で見たことがない。ほんとに富士山はあるんだろうか。存在するんだろうか。みんなが『ある』と、㉓嘘《うそ》をついているか、もしくは人々が、僕には見えないイリュージョンを見ているのではないかとすら思う。いったい富士山はどこにあるんだろう。」

　何を言っているの。イリュージョンなんかじゃない。フジはニッポン一のヤマ。あるに決まってるじゃないの。

　彼らが帰国の途につくのも間近に迫ったある日、私はまさに天が梅雨を忘れたかのように晴れ渡ったのを見た。

　今だ！　私はその日の予定をすべてキャンセルして実家に戻り、義兄と姉と姪を乗せて再度のドライブを敢行した。行き先は山中湖だ。ここなら遠くないし、なんといったって㉔「富士五湖」。そして本日は、待ちに待ったお天気の日！

　㉕中央高速に乗ったあたりで、ぽつり、ぽつりと雨が来た。しかし、その雨は、気まぐれにやんだりもした。見えるわよ、きっと見える。いかにも見えそうな青空が、雲の合間に広がる。

けれど、気象の専門家ならずとも、多少、お天気に詳しければ、その後の展開は予測できるかもしれない。たどり着いた山中湖に立ち込めていたのは深い霧で、富士山は、見えなかった。

『富嶽百景』においても、太宰治と井伏鱒二《いぶせますじ》㉖が霧に吹き込められて、いっこうに富士の尊顔を拝めない有名なシーンがあった。霧が晴れればはっきり見えますと、見えたときの写真を見せられて、それでいいような気になって帰るという話だったが、この日、姉の夫は全くそれでいいなんて気持ちにはならなかったようだった。

もうしょうがないから、どっかでお茶でも飲んで帰ろうよ、夏に来るのが間違っているのね、と姉が言い、車に戻ると、義兄は睨《にら》むようにして持参した地図を見ている。

そして、地図上のある地点を指さし、

「私はここへ行く。」

と言った。

地図には「Fuji View Hotel」と、英語で書いてあった。

㉒**下田**　静岡県下田市。　㉓**イリュージョン**　幻影。
㉔**富士五湖**　山梨県側の富士山麓に位置する五つの湖。山中湖・河口湖はそのうちの一つ。
㉕**中央高速**　中央自動車道。　㉖**井伏鱒二**　一八九八—一九九三。小説家。

「ここにフジ・ビューがなかったら、もはや私は富士山の存在を信じることができない。」

彼は主張する。

そこで我々は、一路、河口湖畔の「富士ビューホテル」に向かった。

ホテルのフロントで、義兄は、そこに置かれたパンフレットに着目した。ホテルの正面に、どっしりと腰を据える富士山の写真。そして何度も、そのパンフレットと実際の風景を照らし合わせ、写真が撮影された位置を確認した。

ティールームでお茶を飲むのもそこそこに、彼はエントランス正面の、㉗ロータリーのあたりに腕を組んで仁王立ちした。

霧さえ晴れれば、たしかにそこに、くっきりと富士山が望めるはずなのである。

その日の天気は気まぐれで、雨が降ったり照ったりした。どしゃ降りではなく、通り雨程度だったが、目の前の濃霧はなかなか晴れない。義兄は雨と日差しよけのキャップを目深にかぶり、天気待ちをする頑固な映画監督のような姿勢で、空を睨んでいる。

ずいぶん長いこと、その位置に立っていたが、何を思ったか彼はすたすたフロントに歩いていき、㉘レセプションの若い男性に、

3 「ここは、たしかに『富士ビューホテル』なんだね？」

と、英語で確認した。

事情を察した男性が、

「霧さえ、霧さえなければ……」

と、口ごもった。

富士山がどうしても見たいって言って、ここに来ちゃったんです。姉と私が交互に説明すると、弱りきったその男性は、

「少々、お待ちください。」

と、眉間に皺《しわ》を寄せて、どこかに電話をかけ始めた。

「こちら、『富士ビューホテル』ですが、つかぬこ

とを伺いますが、そちらからですと、本日、富士は見えておりますでしょうか？」

額の汗を拭きながら、男性はたしかにそう言った。

「はあ、はあ。」と、相手の電話を受けて切り、それからまた受話器を取り上げて、ほかのところに電話した。その間、義兄は、また例の定位置に、立ち続けていた。

「お客様！」

ホテルの男性は、苦しそうに、姉と私に向かって言った。

「ただ今、静岡側含め、数か所に確認いたしましたが、本日はどこからも見えておりません。」

そう言わなければならないのは、「富士ビューホテル」としては、辛い決断だっただろう。男性の眉間からは、皺が消えていなかった。

帰りの車の中、義兄は何も言わずに寝ていた。

それ以来、彼は富士を見たいと言わなくなった。

それでも、いつの滞在でだったか、移動中の車の中からきれいに富士山が見えたことがある。

「見て！　後ろ、振り返って！　富士山よ！　あれが富士山よ！」

興奮する私の声に、助手席にいた義兄はちらりと振り返ったが、なぜだかあまり喜ばずに、興味なさそうな顔をした。

後で聞くところによると、山頂に雪がなかったからで、「あれが富士山のはずはない。」と思ったのだ

㉗**ロータリー**　道路から玄関前まで車を引き入れるための、円環状に作った一方通行の通路。

㉘**レセプション**　受付。

3「ここは、たしかに『富士ビューホテル』なんだね？」という発言には、どのような意味が含まれているか。

そうである。

富士は本当に存在するのか。

富士は、イリュージョンなのか。富士は、日本人の心は、イリュージョンなのか。

その後、義兄の絵を見ていないので、彼の「ｆｕｊｉ」熱がすっかり冷めてしまったのかどうか、確かめる機会を得ていない。

しかし、あれから五年の月日が経過したころ、私は奇妙なものに遭遇した。

実家の父の書斎に貼られた、一枚のドローイング㉙だ。

ステージの上で、ライトを浴びながら踊る男女と、それを見ている人々の後ろ頭らしき半円が並ぶその絵は、成長した姪が彼女の祖父にプレゼントしたものだ。絵の才能をフランス人の父親からもらったと言われている彼女は、自称アーティストで、すべての紙は何かが描かれるためにあると思っているらしく、毎日黙々と白い紙を消費している。

その、ステージの男女の脇には、富士山がある。

なぜ、そんなところに富士があるのか。パパのコラージュを見ていて思いついたのか。

ともかく、現在七歳の姪は、今でも時々、自分の絵の横に当然のごとく、ひゅんひゅんひゅんっと一筆で富士山を描く。

「富士には、月見草がよく似合う。」

は、日本文学史上最も有名なフレーズの一つだが、姪は、

「たいていのものには、富士山がよく似合う。」

と、思っているらしい。

㉙ドローイング　線画。

中島京子　一九六四年（昭和三九）—。小説家。東京都生まれ。二〇一〇年（平成二二）、『小さいおうち』で直木賞を受賞。ユーモアと温かみのある作風で、時代や社会状況に翻弄されながらも健気に生きる人々の姿を描く。作品に『かたづの！』『長いお別れ』『夢見る帝国図書館』などがある。本文は『パスティス　大人のアリスと三月兎《うさぎ》のお茶会』によった。

学習の手引き

一　「津軽富士」（三九・下9）、「タコマ富士」（四〇・上1）のエピソードが置かれた意図を説明してみよう。

二　「私の義兄は、フランス人である。」（四三・上6）以降の展開において、元になった太宰治の『富嶽百景』が、作品にどのように生かされているか、両者を比較してみよう。

三　「イリュージョンなんかじゃない。フジはニッポン一のヤマ。あるに決まってるじゃないの。」（四六・下3）と言い切っていた「私」が、「富士は、イリュージョンなのか。富士は、日本人の心は、イリュージョンなのか。」（五〇・上3）と問わざるを得なくなったのはどうしてか、説明してみよう。

活動の手引き

一　本文中で話題として使われたり、引用されたりしている文芸関連の作品のうち、興味を持ったものを一つ選んで内容について調査し、わかったことを報告し合おう。

言葉の手引き

一　次のかたかなを漢字に改めよう。

1　少数の大企業によるカセン。
2　レイホウとして扱われる。
3　アイマイな答え。
4　相手のミケンを狙う。
5　のりでハる。

二　次の文の傍線部の表現を、別の言い方に改めてみよう。

1　車両中の同情を買い占めた（四四・上15）
2　一車両分の同胞の、「外国人にニッポンのフジ、見せてやりてえ。」という思いに感染したのだ。（四四・下7）
3　まさに旅には「暗雲が垂れ込め」ていた。（四五・下6）

バグダッドの靴磨き

米原万里《よねはらまり》

学習のねらい

登場人物同士の関係や心情を把握しながら読み、「僕」の発言の背景にあるものを理解する。

えっ、一ドルもくれるの！　ありがとう。お客さん、①アラビア語がうまいね。顔見せなければイラク人で通るよ。韓国人？　ああ日本人か。父さんがホンダに乗ってたよ。いいバイクだ、日本人は優秀だって口癖みたいに言ってた。腕のいい靴職人だったんだ。

それで、お客さんは石油関係？　それとも外交官？　えっ、僕の話を聞きたいだって？　そうか、ジャーナリストなんだね。

僕の名前はアフメド、年は十二歳。それ以上はタダではしゃべれないよ。だって、お客さん、僕のこと書いて金稼ぐんだろう。五ドルの価値はあると思うよ、僕の話……あっ、三ドルでもいいよ。……二ドルでもいい。

えーっ、十ドルも！　嘘《うそ》だろう。いいの？　ほんとにいいの？　じゃ、前金で頼むよ、前金で。手が震えてるじゃないかって。だって、こんな大金、手にするの初めてだもん。……恩に着るよ。僕、どうしても金を貯《た》めなくちゃならないんだ。差し当たって三十ドル、これだけは急いで貯めなくちゃならない。何のために？　それは内緒。ムニール叔父さんは毎月平均それくらい稼いでたんだけどね。

今までのお得意さんたち、みんな貧しくなっちゃって、毎日食っていくのに精一杯で、靴磨きなんか利用しなくなっちゃったでしょ。本当は、ほら、あの子たちみたいに五つ星ホテルに出入りする外国人に群がって物乞いをしたほうがずっと儲《もう》かるんだけど、僕の右足がこんなだから。②四月九日にアメリカ軍がバグダッドに入ってきたでしょう。あのときアメリカ軍は外出禁止令を出したんだけど、僕は家でいさかいを起こして、街に飛び出してきてしまった。そしたら、戦車に乗ったアメリカ兵が僕の足を狙い撃ちして、弾が膝を貫通した。あのときも、ムニール叔父さんに反発して、叔父さんを困らせたくて家を出たんだ。だから自業自得かもしれない。

なぜ、叔父さんにあれだけ反発したのか。それは母さんのせいなんだ。

「アフメド、あんたには無理よ。あんたは、このリュックを背負って、お祖母《ばあ》ちゃんとライラの手を引いてくれればいいの。」

僕が③長持ちの銅製の取っ手に手を伸ばすたびに、母さんはそう言った。④防空壕《ぼうくうごう》には、一人一つの荷物しか持ち込むことが許されなかったので、母さんはいつも、お嫁に来たときに持参した大きな長持ちを持ち込む。そこには、祖母ちゃんと母さんと僕と妹二人の衣類と日用品がびっしり詰め込まれているものだから、恐ろしく重い。母さんは二歳のハナアを片手で抱きかかえ、もう一方の手で取っ手の一つを持つ。もう一つの取っ手はムニール叔父さんが持つことになる。それが嫌で嫌で、僕は、毎回、母さんに止められるのを承知で長持ちの取っ手に手を伸ばすんだ。

①**アラビア語**　中東・北アフリカのアラブ諸国で用いられている言語。物語の舞台バグダッドは、イラクの首都。
②**四月九日**　二〇〇三年四月九日。イラクの武装解除と民主化とを目的として侵攻した連合国軍が、バグダッドを占領した日。
③**長持ち**　衣類などを収納する、蓋付きの長方形の大きな箱。
④**防空壕**　空襲からの避難用に掘った穴。

叔父さんは身軽だった。空襲で家も家財も商売道具も失ってしまって、僕の家に転がり込んできたんだ。

「家族がいなくてよかったよ。ものは失われても、また手に入れることができるが、失われた命は二度と戻らないからね。」

とか言っちゃって、叔父さんは空襲に見舞われたことをちっとも悲しんでいないばかりか、むしろひどくうれしそうに見えた。それも癪《しゃく》に障った。

叔父さんは父さんの弟で、父さんが強くて丈夫でハンサムだった分、叔父さんは華奢《きゃしゃ》で病気がちで風采の上がらない男だった。祖母ちゃんもよく言っていた。

「⑤神様《アッラー》はほんとに不公平だよ。」

でも、何が幸いするか、わからない。父さんは兵隊に取られて、⑥バスラから一度手紙が来て以降音信不通になってしまったけれど、ど近眼で生まれつき左右の脚の長さが違う叔父さんは、兵役検査でいつもはねられる。

叔父さんは大の本好きで、それがこうじて古本の露天商をやっていたのだけれど、その本も一冊残らず空襲で燃えてしまった。戦争前に亡命していった人たちから二束三文で買い上げた本の山が一瞬にして煙になっちまったんだ。それでも食べていかなくてはならないから、叔父さんは、父さんが置いていった道具を使って靴磨きの仕事を始めた。古本商を再開するまでのつなぎだ、と言っていた。でも、不器用で気が利かないから、始終お客さんに怒鳴られている。僕はそれも恥ずかしくて嫌だった。

「義姉《ねえ》さん、すみませんが、ちょっと休んでもいいですか。」

防空壕まであと二十歩ほどのところで、叔父さんは母さんに声をかけて立ち止まり、長持ちを地面に置いた。

「ちょっとー、いきなり止まらないでよねえ、危ないじゃないの。」

背後からやってきた隣のおばさんがつっかかりそうになって文句を言った。

「すみません。足が痛くなってしまって。」

叔父さんは隣のおばさんと母さんに同時に謝りながら長持ちに腰を下ろした。本当は疲れただけなのに、そのことを[1]母さんには言えないで足のせいにしている。叔父さんは母さんに夢中なんだ。叔父さんが独身を通しているのもそのせいだ。

父さんもよく気を揉《も》んでいた。

「おまえは自分の美貌の効果を確かめたくて、ムニールの心をもてあそんでるんだろう。」

「バッカじゃないの。あたし、これっぽっちもムニールに気はなくってよ。」

「でもムニールのほうはあり余るほどおまえに気があるんだからね。」

父さんが家にいるころはそんなやりとりが何度もあって、僕の耳にも入ってきた。でも堂々たる美女の母さんは、いつもそんな父さんの心配を一笑に付してしまう。

叔父さんはよく、サッカーの試合のチケットとか、映画のチケットを三枚入手してくる。すると父さんは、必ず円満に断ろうとする。

「あっ、今日は○○さんちに招待されているんだよなあ、おまえ。」

でも母さんは、いつも父さんの努力をぶち壊す。

「あら、そんな予定全然なくてよ。」

「でも今日はおまえ、疲れてるだろう。」

「ううん、元気もりもり。」

---

⑤**アッラー**　イスラム教における唯一神の名。

⑥**バスラ**　バグダッドの南東にある都市。

1「母さんには言えない」のはなぜか。

だから、僕の出番となるのだった。

「わーっ、僕そのサッカーの試合すっごく行きたかったんだ。」

とか、

「その映画絶対行きたい。」

と駄々をこねる。それで、母さんが、

「じゃ、アフメドを連れていってやって。」

という成り行きになるのだ。そのときのムニール叔父さんのガッカリする顔を確認しながら、僕は心の中でザマアミロと罵っていた。決して気が晴れるわけではない。むしろそのたびに自己嫌悪に襲われる。そんなとき、祖母ちゃんは僕を抱きしめて、

「大丈夫だよ、アフメド、おまえの母さんは賢い人だから。」

と耳元に囁《ささや》いてくれた。

　防空壕に入ってすぐのところに、大きい荷物を置く空間があって、そこから狭いはしごをつたって下りていったところに本壕があった。叔父さんは先にはしごを降りて母さんを支えようと手を伸ばす。僕はさっと間に割り込んで、叔父さんの手に妹のライラを、次に祖母ちゃんを託す。そのときも叔父さんのちょっと失望した目の表情を瓶の底みたいな分厚いレンズ越しに読み取るのを忘れない。不快感が身体中に染み込んでいく。父さんのことを思い出して涙が出てきそうになるんだ。

　とうとう戦争が始まる直前になって、父さんが前線に送られる日、母さんはつま先立ちになって何度も何度も背の高い父さんを抱きしめ、口づけしながら、謝っていた。

「ごめんね。許してね。あなたの愛を試すみたいなことして。でも全然心配することなんてないのよ。わたしが愛してるのは、あなただけなんだから。本当よ。」

「わかってるよ。だけど……」

「だけど？」

「オレの留守の間にムニールを一つ屋根の下に引き入れるなんてことはしないでくれよ。」

「何を言い出すの！　当たり前じゃないの。」

母さんはああ父さんに誓ったのに、ひと月もたたないうちにムニール叔父さんを住み込ませてしまった。空襲という非常事態があったにしてもだ。

防空壕の暗闇に慣れてくると、人々の顔の表情も見えてくる。ムニール叔父さんは、また一心不乱に母さんに見とれている。みっともないったらありゃしない。近所ではもう噂《うわさ》が立っている。母さんの耳には入らないのだろうか。

いつの間にか、祖母ちゃんが僕を抱きしめて耳元に囁く。

「落ち着くんだよ、アフメド、ムニール叔父さんと母さんを信用するんだよ。」

「叔父さん、お話しして。」

僕がこれだけ気を揉んでいるというのに、ライラはすっかり叔父さんになついている。四歳だからしかたないのかもしれないが。

本の虫だった叔父さんは知識が豊富で、叔父さんの口からは魅力的な話が尽きない泉のように湧き出てくる。防空壕に避難した隣近所の人々も、いつの間にか叔父さんの話す物語に夢中になって聞き入っている。嫌だ嫌だと思っている僕でさえ、気がつくと耳を傾けている始末だ。

「ムニールさんのおかげで防空壕に避難するのが楽しみになったよ。」と評判で、すでに「シェヘラザード」⑦というあだ名がついていた。

⑦**シェヘラザード**　アラビア語の説話集『千夜一夜物語（通称アラビアン・ナイト）』の女主人公。千一夜かけて、王に物語を話して聞かせた。

ふだんは、叔父さんは目抜き通りに靴磨きに出かけ、母さんは、バグダッド郊外にある、弁護士のアル・ブアサフさんの邸《やしき》に家事手伝いに出かける。アル・ブアサフさんは古本商時代の叔父さんのお得意さんで、もちろん、母さんを紹介したのも叔父さんだ。これも僕にとっては癪のタネだったが、母さんの稼ぎがなければ、僕たち一家は生きていけなかったから、我慢するしかなかった。

だから、あの日、二人は留守だった。だけど、僕は家にいるべきだったんだ。祖母ちゃんが、

「市場に買い物に出かけるから、ライラとハナアを見てておくれよ。」

と頼んだのに、振り切って出てきてしまったんだ。あのときの祖母ちゃんの顔は今も夢によく出てくる。

隣のイブラヒムに誘われて、シェラトンホテル前の人だかりをのぞきに行ったんだ。……そう、四月二日だよ、⑧情報省の建物を狙ったアメリカのミサイルが目標をはずれて、僕の家のある地区に落ちたのは。イブラヒムといっしょに一目散に家に向かって走った。僕の家もイブラヒムの家も他の三軒の家ともども瓦礫《がれき》の山と化していた。大人たちを振り切って、僕は瓦礫の中に突進していって、祖母ちゃんと、妹たちの名前を呼び続けた。ライラの赤い靴が見えたので、駆け寄ったら、それは、ちぎれてガラスの破片が突き刺さったライラの左足だった。

「お兄ちゃん、あたしもいっしょに連れてって。」

とライラが僕を追いかけてきたのに、

「だめだ、おまえがついてきたら足手まといだからな。」

って言って僕は置いてけぼりにしてきてしまった。ライラはそれでも一生懸命僕の後を追いかけてきたのに。

血まみれになったハナアの小さな小さな手も出てきた。むずかるとき、僕の親指を差し出すとギュッ

と握りしめてご機嫌になった。そのときの感触と、にこやかに笑っていた顔を思い出して止めどなく涙が溢《あふ》れてきた。

　そこへ叔父さんが帰ってきてしばらくの間呆然《ぼうぜん》と立ちすくんでいた。それから、瓦礫を片づけながら、三人のバラバラに砕け散った破片を集めていった。❷僕とはひと言も言葉を交わさなかった。叔父さんは黙々と瓦礫を片づけ、板きれや煉瓦《れんが》を組み立ててバ⑨ラックをこさえた。その冷静さが、また腹立たしかった。

　母さんに連絡しなくては、と思った。この間の爆撃で市内も郊外もあちこちで電話線が切断されていたため通じなかったし、直接行こうかと一瞬迷ったが、こんな最悪の事実を母さんに告げるのが恐ろしくてできなかった。

　いつもどおりにかなり暗くなってから帰ってきた母さんは、へなへなとその場にへたり込んでしまった。かわいそうで、僕はその顔を正視できなかった。母さんは、叔父さんが掻《か》き集めたライラとハナアの血まみれの破片を抱きかかえて頬ずりをしながら一晩中何かを語りかけていた。

　それからは、叔父さんがこさえたバラックで雨露をしのぐようになった。母さんを見るのはつらかった。今にも泣き崩れそうなのを必死に堪《こら》えている。それでも叔父さんは、僕に遠慮して母さんの肩に手をかけてあげることさえできずにいた。それでついにある日、母さんは自分から叔父さんに抱きついて泣き崩れた。心細かったんだろう、母さんは。それ

⑧**情報省**　イラク政府の広報を行い、国内メディアや外国人記者の取材活動を統制する役所。
❷「叔父さん」が「僕とはひと言も言葉を交わさなかった」のはなぜだと考えられるか。
⑨**バラック**　急造の粗末な建物。仮小屋。

はちゃんと理解できていたのに、なのに、僕は無性に腹が立って腹が立って……。そんなとき、柔らかく包み込むように僕を抱きしめて落ち着かせてくれる祖母ちゃんはもういなかった。それで僕は、つい心ないことを口走ってしまった。

「ふん、これで僕がいなくなれば、邪魔者が一人残らず消えて大満足だろうよ。」

「アフメド、なんてことを言うの！」

母さんは、力なく僕を叱りつけたが、叔父さんはサッと、母さんから身を離して、今にも泣き出しそうな目で僕を見つめた。僕は❸居たたまれなくなって、ぷいとその場を立ち去った。それはちょうどアメリカ軍がバグダッドを陥落させた四月九日で、この右足の膝がアメリカ兵に狙い撃ちされた銃弾に貫かれた記念日でもあるんだ。

道路際に転倒して気の狂いそうな痛みにのたうちまわる僕を抱き上げて病院まで運んでくれたのは叔父さんだった。心配で僕の後をつけてきてくれたんだ。でも、病院は医者も薬も足りなくて、傷口を消毒するのが関の山だった。そのまま放っておくしかなくて、膝下は、こんなふうにミイラみたいに干からびちまったよ。

身体が思うように動かなくなった僕の世話を叔父さんはこまめにしてくれた。以前は僕の仕事だった家の掃除や夕飯の準備も黙って引き受けてくれるようになった。なのに、僕はいよいよ気難しくなって、叔父さんにつらく当たるようになった。そのたびに母さんが悲しそうな顔をする。それで、余計に叔父さんに、いやそれ以上に自分に腹立たしくなって、家を飛び出すことが多くなった。

六月のクソ暑い昼下がり、ムシャクシャしながら街中を歩いていて目の前に差し出されたチラシに、「侵略者アメリカに死を！」って書かれてあって、ハッとした。そうだ、祖母ちゃんもライラもハナアもアメリカ軍に殺されたんだ。カッカしていた頭が冷えてきて、母さんに八つ当たりしている自分が恥ずかしくなった。叔父さんに対する嫌悪感はそれでもぬぐえなかったが。

　それからは、街中で時々見かけて顔見知りになった抵抗組織の人たちのポスター貼りやビラ配りの手伝いをするようになった。お互い名前も住所も知らない。たまたま見かけると、頼まれるという関係だ。ただ、

「絶対に配り切るか、処分して、自宅には持ち帰らないように。」

ときつく注意されていた。なのに僕は、ある日配り切れずに残ったチラシをシャツに突っ込んだままバラックに帰って、水浴びをするときに脱ぎ捨てたシャツとともに椅子の上に置いたまま寝入ってしまった。

　相次ぐアメリカ兵に対するテロに手を焼いた占領軍当局は、バグダッドの各地区に抜き打ち的に掃討作戦を展開するようになった。早朝、僕たちのバラック街にも銃剣を構えた米兵が押し入ってきた。そして、例のビラの束を見つけてしまった。一枚なら街でもらっただけだと言い訳できるが、十枚以上あったのでは、そんな言い訳は通らない。⑩フセイン時代に泣く子も黙ると言われた⑪アブ・グライブの監獄は、今では占領軍に歯向かうと疑われた人々が片っ端からぶち込まれている。バグダッドだけですでに一万人の人々が行方不明になっている。フセイン時代と変わらない拷問が行われているという噂を思い

---

❸「居たたまれなくなっ」たのはなぜか。

⑩フセイン　Saddam Hussein（一九三七―二〇〇六）。イラクの元大統領。独裁体制を敷いた。

⑪アブ・グライブの監獄　バグダッドの西にある監獄。フセイン政権時代に反政府勢力の拷問や処刑が行われた。

出して、僕は恐怖のあまり金縛りになった。上下の歯と唇が噛《か》み合わなくなってワナワナ震えていた。

グループの責任者らしい男が、ビラの束をつかんで振り回しながら怒鳴り散らした。

「⑫フーゲッィイッ、フーゲッィイッ。」

銃剣の先が僕と母さんと叔父さんの鼻先に突きつけられる。叔父さんが何かを申し出た。おしまいだ。叔父さんは僕を突き出すつもりだ。内心ほくそ笑んでいるにちがいない。これで思いどおり母さんと水入らずだ。怒りと恐怖と悲しみで僕は呼吸が止まりそうになった。それでも覚悟を決めて目をつむった。

「いやーっ、やめてー。」

母さんの悲鳴で思わず目を開いた。叔父さんが両手を背中に回され、プラスチック製の手錠をかけられ、背中をどんと押されて顔面から床に倒された。その頭をアメリカ兵は靴で踏みつけた。母さんは泣き崩れながら、叔父さんの上に覆いかぶさったが、すぐにアメリカ兵に銃の取っ手の部分で殴られ足で蹴られて引き離された。しばらくすると、このバラック街で叔父さんと同じように両手を背中に回されて手錠をかけられた男たちが紐《ひも》で繋《つな》がれて連れてこられた。叔父さんも立たされて男たちの列に繋がれた。連行されていくとき、叔父さんは血だらけになった顔を僕のほうにしっかりと向けて早口で囁いた。

「アフメド、許してくれ。叔父さんはおまえの母さんが大好きだった。これからは、おまえしか母さんを守ってやることができない。頼むよ。」

「叔父さん、逮捕されるべきは僕なのに……」

と言うつもりなのに声が出なかった。そのまま叔父さんは引き立てられて行ってしまった。あれだけひどい仕打ちをした僕を守るために逮捕されていった叔父さんにひと言も告げられなかった自分を僕は死ぬまで許せない。

叔父さんがどこに連行されたのかは、全く教えてもらえなかった。母さんは毎日のように仕事の帰りがてらアブ・グライブ監獄に通ったが、差し入れも受けつけられず、叔父さんについてのどんな情報も教えてもらえなかった。

そして突然二週間後に、叔父さんは遺体になって戻ってきた。拷問の痕があったし、もともと身体の弱い叔父さんは地下牢《ちかろう》での生活に耐えられなかったのだろう。

派手で陽気な美女だった母さんはいきなり老《ふ》け込んでボーッとしていることが多くなった。それでも僕を養うために、弁護士のアル・ブアサフさんのところへ家政婦として通い続けてくれた。**4**僕が悪いんだ。僕は叔父さんが残した靴磨きの道具を譲り受けて靴磨きを始めたんだけれど、なかなか叔父さんほどには稼げなくて。

だから、十一月二十八日にも、⑬ラマダン最後の日だというのに、母さんはアル・ブアサフ家に出かけていった。ラマダン明けと同時に親類縁者が集まって当主の弟の結婚を祝うことになっていて、その準備をしていたので、どうしても人手が足らないと頼み込まれたのだ。

翌日の宴会に向けての準備の最中にあったアル・ブアサフ家の邸を突然アメリカ兵が取り囲んだ。それは、戦車だけでも三十台、ヘリコプターは三機もあったと近隣住民が証言しているほど大がかりな作戦だった。不穏な物音に何事かと邸から出てきたアル・ブアサフさんは二歳の娘を抱えたまま蹴り倒された。翌日花婿になるはずの弟と、妹の夫も拘束さ

---

⑫**フーゲッイッ**　Who gets it?

4「僕が悪い」とは、誰に対して何について「悪い」と言っているのか。

⑬**ラマダン**　イスラム暦の九番目の月名。神聖な月とされ、イスラム教徒は日の出から日没まで断食が課される。

れ、アル・ブアサフさんと同じく地面に転がされ、次々頭に銃弾を撃ち込まれた。それからアメリカ兵は二つの方向から建物の中に突入し、そのときにお互いに上げた銃声に動転して撃ち合いを始め、その流れ弾に当たって五人が死亡、八人が負傷した。

　母さんはその中にいた。僕が駆けつけたときは虫の息で、待ち構えていたかのように息を引き取った。美しくて陽気で誇り高かった母さんの、ただでさえ悲惨な人生最後の日々を、❺さらにとげとげしくつらいものにしてしまったことをいくら悔いても取り返しがつかない。せめてあの優しい叔父さんとの穏やかな愛を、なぜ認めてあげなかったのか。父さんがいなくなって、祖母ちゃんと娘たちを一気に失って、どれほど母さんは寂しかったことか、心細かったことか。それを思いやれなかった自分が情けなくて僕は涙が枯れるまで泣いた。

　だからもう、僕には涙の蓄えがないんだ。一生分の涙を使い果たしてしまったんだ。どうして僕が全然泣かないのか、みんな不思議がるけど、そういうわけなんだ。

　翌日、作戦の責任者がアル・ブアサフ家を訪ねてきて謝ったんだって。

「ソーリー・ウィ・⑭ミステイク。」

　お詫びの印と言って、自分たちが殺したアル・ブアサフさんの老母にケーキを手渡したらしい。

　今、僕がどこに住んでいるか、だって？「⑮人間の盾」の人たちが作ってくれた孤児院さ。だから、食べ物と屋根には困っていない。ただ、どうしてもお金がいるんだ。だから、学校を抜け出してこうやって稼いでいる。

　えっ、嘘！　冗談だろ、お客さん、これ、もしかして五十ドル紙幣じゃない。まさか偽札じゃないよね。本気？　本当に僕にくれるの？

　ねっ、どうしたの、お客さんうつむいちゃって？

やだなあ、目が赤いじゃない。もしかして泣いてるの？ ……優しいんだね……じゃ、……絶対に絶対に秘密なんだけど、お客さんにだけ教えてあげる。三十ドルでコルト拳銃⑯が手に入るんだ。中古だけどね。ちゃんと装弾カプセル二ダース付きなんだ。さっきのと合わせて六十ドルになるから二丁買える。

えっ、人を殺すのかって？

いや、僕は人は殺さない。絶対に人間は殺さないってば。僕が殺すのは、占領者たち、侵略者たちだけだよ。

5「さらにとげとげしくつらいものにしてしまった」とは、具体的にどういうことか。

⑭**ミステイクト** 文法的には本来は「ミストゥック」とあるべきところ。

⑮**人間の盾** 敵の攻撃目標とされる施設の内部や周囲に民間人や捕虜を配置し、攻撃を思いとどまらせる行動。ここは、反戦運動として「人間の盾」に志願した団体をさす。

⑯**コルト拳銃** アメリカ製の大口径の拳銃。

米原万里 一九五〇年（昭和二五）—二〇〇六年（平成一八）。作家・小説家。東京都生まれ。ロシア語の同時通訳者として活動するかたわら、一九九四年（平成六）、『不実な美女か貞淑な醜女《ブス》か』を発表。知的でユーモラスな筆致が人気を博した。作品に『嘘つきアーニャの真っ赤な真実』などがある。本文は『戦争と文学4』によった。

学習の手引き

一 「僕（アフメド）」の家族について「叔父さん」と「母さん」、「僕」を中心に、次のことを時間軸に沿って整理しよう。

1 彼らの身に起こったこと。

2 彼らのお互いに対する心情の変化。

二 本文中に現れる、さまざまなドルの金額はどのような意味を持つか。「僕」と「お客さん」のそれぞれの立場から説明してみよう。

三 「いや、僕は人は殺さない。絶対に人間は殺さないってば。僕が殺すのは、占領者たち、侵略者たちだけだよ。」（六五・下3）という「僕」の発言の中で、「人」と「占領者たち」はそれぞれどのような存在をさすか、説明してみよう。

四 この小説において、「お客さん」の存在はどのような効果を生み出しているか。「僕」の体験談だけの場合と比較して、考えたことを話し合ってみよう。

活動の手引き

一 受け取った六十ドルで「コルト拳銃」を買おうとしている「僕」に対する自分の考えを、「お客さん」のせりふとして書いてみよう。書いたものを互いに読み合い、工夫したことを話し合ってみよう。

言葉の手引き

一 次のかたかなを漢字に改めよう。

1 フウサイが上がらない。

2 ロテン風呂に入る。

3 ジコケンオに襲われる。

4 立派なテイタク。

5 ソウトウ作戦を開始する。

6 カンゴクにぶち込まれる。

7 ゴウモンの傷がある。

二 次の空欄に漢数字を当てはめてみよう。

1 □束□文　2 □笑に付す

3 □心不乱　4 □目散

三 次の表現の意味を調べ、短文を作ってみよう。

1 癪に障る（五四・上9）

2 のたうちまわる（六〇・上16）

3 関の山（六〇・下3）

4 泣く子も黙る（六二・下10）

5 ほくそ笑む（六三・上8）

四 本文中から「気」を用いた慣用表現を抜き出し、それぞれの意味を調べてみよう。

夏の花

原《はら》　民喜《たみき》

学習のねらい
「私」の移動とともに場面が変わる文章展開を把握し、各場面における「私」の心情を読み取る。

私は街に出て花を買うと、妻の墓を訪れようと思った。ポケットには仏壇から取り出した線香が一束あった。八月十五日は妻にとって初盆《にいぼん》に当たるのだが、それまでこのふるさとの街が無事かどうかは疑わしかった。ちょうど、休電日①ではあったが、朝から花を持って街を歩いている男は、私のほかに見当たらなかった。その花は何という名称なのか知らないが、黄色の小弁《こべん》の可憐《かれん》な野趣を帯び、いかにも夏の花らしかった。

炎天にさらされている墓石に水を打ち、その花を二つに分けて左右の花立てに挿すと、墓のおもてがなんとなくすがすがしくなったようで、私はしばらく花と石に見入った。この墓の下には妻ばかりか、父母の骨も納まっているのだった。持ってきた線香にマッチをつけ、黙礼を済ますと私は傍らの井戸で水を飲んだ。それから、饒《にぎ》津《つ》公園のほうを回って家に戻ったのであるが、その日も、その翌日も、私のポケットは線香の匂いがしみ込んでいた。原子爆弾に襲われたのは、その翌々日のことであった。

私は厠《かわや》にいたため一命を拾った。八月六日の朝、私は八時ごろ床を離れた。前の晩二回も空襲警報が出、何事もなかったので、夜明け前には服を全部脱いで、久しぶ

①**休電日**　電力不足を調整するため、送電を中止する日。

りに寝巻きに着替えて眠った。それで、起き出したときもパンツ一つであった。妹はこの姿を見ると、朝寝したことをぶつぶつ難じていたが、私は黙って便所へ入った。

　それから何秒後のことかはっきりしないが、突然、私の頭上に一撃が加えられ、目の前に暗闇が滑り落ちた。私は思わずうわあとわめき、頭に手をやって立ち上がった。嵐のようなものの墜落する音のほかは真っ暗で何もわからない。手探りで扉を開けると、縁側があった。そのときまで、私はうわあという自分の声を、ざあーという物音の中にはっきり耳に聞き、目が見えないので悶《もだ》えていた。しかし、縁側に出ると、間もなく薄ら明かりの中に破壊された家屋が浮かび出し、気持ちもはっきりしてきた。

　それはひどく嫌な夢の中の出来事に似ていた。最初、私の頭に一撃が加えられ目が見えなくなったとき、私は自分が倒れてはいないことを知った。それから、ひどく面倒なことになったと思い腹立たしかった。そして、うわあと叫んでいる自分の声がなんだか別人の声のように耳に聞こえた。しかし、あたりの様子がおぼろながら目に見え出してくると、今度は惨劇の舞台の中に立っているような気持ちであった。たしか、こういう光景は映画などで見たことがある。濛々《もうもう》と煙る砂塵《さじん》の向こうに青い空間が見え、続いてその空間の数が増えた。壁の脱落した所や、思いがけない方向から明かりが射《さ》してくる、畳の飛び散った②座板《ざいた》の上をそろそろ歩いていくと、向こうからすさまじい勢いで妹が駆けつけてきた。

「やられなかった、やられなかったの、大丈夫。」と妹は叫び、「目から血が出ている、早く洗いなさい。」と台所の流しに水道が出ていることを教えてくれた。

　私は自分が全裸体でいることを気づいたので、「とにかく着るものはないか。」と妹を顧みると、妹は壊れ残った押し入れからうまくパンツを取り出してくれた。そこへ誰か奇妙な身振りで闖入《ちんにゅう》してきた者があった。顔を血だらけにし、シャツ一枚の男は工場の人であったが、私の姿を見ると、

「あなたは無事でよかったですな。」と言い捨て、「電話、

③長押《なげし》から墜落した額が殺気を帯びて④小床《こどこ》を塞いでいる。ふと、どこからともなく、水筒が見つかり、続いて帽子が出てきた。ずぼんは見当たらないので、今度は足に履くものを探していた。

そのとき、座敷の縁側に事務室のKが現れた。Kは私の姿を認めると、

「ああ、やられた、助けてえ。」と悲痛な声で呼び掛け、そこへ、ぺったり座り込んでしまった。額に少し血が噴き出ており、目は涙ぐんでいた。

「どこをやられたのです。」と尋ねると、「膝じゃ。」とそこを押さえながら皺《しわ》の多い蒼顔《そうがん》をゆがめる。私はそばにあった布切れを彼に与えておき、靴下を二枚重ねて足に履いた。

「あ、煙が出だした、逃げよう、連れて逃げてくれ。」電話、電話をかけなきゃ。」とつぶやきながらせわしそうにどこかへ立ち去った。

至る所に隙間ができ、建具も畳も散乱した家は、柱と敷居ばかりがはっきりと現れ、しばし奇異な沈黙を続けていた。これがこの家の最後の姿らしかった。後で知ったところによると、この地域では大概の家がぺしゃんこに倒壊したらしいのに、この家は二階も落ちず床もしっかりしていた。よほどしっかりした普請だったのだろう、四十年前、神経質な父が建てさせたものであった。

私は錯乱した畳や襖《ふすま》の上を踏み越えて、身につけるものを探した。上着はすぐに見つかったがずぼんを求めてあちこちしていると、めちゃくちゃに散らかった品物の位置と姿が、ふとせわしい目に留まるのであった。❶昨夜まで読みかかりの本がページをまくれて落ちている。

---

②**座板**　ゆか板。

❶「昨夜まで…落ちている。長押から…塞いでいる。」と、文末を現在形で止めていることには、どういう効果があるか。

③**長押**　鴨居《かもい》の上に取りつけた横木。

④**小床**　ゆか板を支えるための横木。根太。

とKはしきりに私をせかし出《い》だす。この私よりかなり年上の、しかし平素ははるかに元気なKも、どういうものか少し⑤顚動《てんどう》気味であった。

縁側から見渡せば、一面に崩れ落ちた家屋の塊があり、やや彼方《かなた》の鉄筋コンクリートの建物が残っているほか、目標になるものもない。庭の土塀の覆った脇に、大きな楓《かえで》の幹が中途からポックリ折られて、⑥梢《こずえ》を手洗い鉢の上に投げ出している。ふと、Kは⑦防空壕《ぼうくうごう》の所へかがみ、

「ここで、頑張ろうか、水槽もあるし。」と変なことを言う。

「いや、川へ行きましょう。」と私が言うと、Kは不審そうに、

「川？　川はどちらへ行ったら出られるのだったかしら。」とうそぶく。

とにかく、逃げるにしてもまだ準備が整わなかった。私は押し入れから寝巻きを取り出し彼に手渡し、さらに縁側の暗幕を引き裂いた。座布団も拾った。縁側の畳をはねくり返してみると、持ち逃げ用の⑧雑囊《ざつのう》が出てきた。私はほっとしてそのカバンを肩に掛けた。隣の製薬会社の倉庫から赤い小さな炎の姿が見え出した。いよいよ逃げ出す時機であった。私は最後に、ポックリ折れ曲がった楓のそばを踏み越えて出ていった。

その大きな楓は昔から庭の隅にあって、私の少年時代、夢想の対象となっていた樹木である。それが、この春久しぶりに郷里の家に帰って暮らすようになってからは、どうも、もう昔のような潤いのある姿が、この樹木からさえ汲《く》み取れないのを、つくづく私は奇異に思っていた。不思議なのは、この郷里全体が、やわらかい自然の調子を失って、何か残酷な無機物の集合のように感じられることであった。私は庭に面した座敷に入っていくたびに、⑨「アッシャ家の崩壊」という言葉がひとりでに浮かんでいた。

Kと私とは崩壊した家屋の上を乗り越え、障害物をよけながら、初めはそろそろと進んでいく。そのうちに、足もとが平坦《へいたん》な地面に達し、道路に出ていることがわか

る。すると今度は急ぎ足でとっとと道の中ほどを歩く。ぺしゃんこになった建物の陰からふと、「おじさん。」とわめく声がする。振り返ると、顔を血だらけにした女が泣きながらこちらへ歩いてくる。「助けてえ。」と彼女はおびえ切った相で一生懸命ついてくる。しばらく行くと、路上に立ちはだかって、「家が焼ける、家が焼ける。」と子供のように泣きわめいている老女と出会った。煙は崩れた家屋のあちこちから立ち昇っていたが、急に炎の息が激しく吹きまくっている所へ来る。走って、そこを過ぎると、道はまた平坦となり、そして栄橋《さかえばし》のたもとに私たちは来ていた。ここには避難者がぞくぞく蝟集《いしゅう》していた。「元気な人はバケツで火を消せ。」と誰かが橋の上に頑張っている。私は⑩泉邸《せんてい》の藪《やぶ》のほうへ道をとり、そして、ここでKとははぐれてしまった。

　その竹藪はなぎ倒され、逃げていく人の勢いで、道が自然と開かれていた。見上げる樹木もおおかた中空で削《そ》ぎ取られており、川に添った、この由緒ある名園も、今は傷だらけの姿であった。ふと、灌木《かんぼく》のそばにだらりと豊かな肢体を投げ出してうずくまっている中年の婦人の顔があった。魂の抜け果てたその顔は、見ているうちに何か感染しそうになるのであった。こんな顔に出くわしたのは、これが初めてであった。が、それよりもっと奇怪な顔に、その後私は限りなく出くわさねばならなかった。

　川岸に出る藪の所で、私は学徒のひとかたまりと出会った。工場から逃げ出した彼女たちは一様に軽い負傷をしていたが、今目の前に出現した出来事の新鮮さにおののきながら、かえって元気そうにしゃべり合っていた。

⑤**顚動**　取り乱しあわてること。
⑥**手洗い鉢**　手を洗う水を入れておく鉢。
⑦**防空壕**　空襲からの避難用に掘った穴。
⑧**雑嚢**　肩から掛けるかばん。
⑨**「アッシャ家の崩壊」**　アメリカの詩人・小説家のポー（Edgar Allan Poe 一八〇九—一八四九）の小説の題名。
⑩**泉邸**　もと安芸《あき》藩浅野氏の別邸。現在の縮景園《しゅっけいえん》。

そこへ長兄の姿が現れた。シャツ一枚で、片手にビール瓶を持ち、まず異状なさそうであった。向こう岸も見渡す限り建物は崩れ、電柱の残っているほか、もう火の手が回っていた。私は狭い川岸の道へ腰を下ろすと、しかし、もう大丈夫だという気持ちがした。長い間脅かされていたものが、ついに来たるべきものが、来たのだった。さばさばした気持ちで、私は自分が生き長らえていることを顧みた。かねて、二つに一つは助からないかもしれないと思っていたのだが、今、ふと己が生きていることと、その意味が、はっと私をはじいた。

このことを書き残さねばならない、と、私は心につぶやいた。けれども、❷そのときはまだ、私はこの空襲の真相をほとんど知ってはいなかったのである。

対岸の火事が勢いを増してきた。こちら側まで火照《ほて》りが反射してくるので、満潮の川水に座布団を浸しては頭にかむる。そのうち、誰かが「空襲。」と叫ぶ。「白いものを着た者は木陰へ隠れよ。」という声に、皆はぞろぞろ藪の奥へ匐《は》っていく。日はさんさんと降り注ぎ藪の向こうも、どうやら火が燃えている様子だ。しばらく息を殺していたが、何事もなさそうなので、また川のほうへ出てくると、向こう岸の火事はさらに衰えていない。熱風が頭上を走り、黒煙が川の中ほどまで煽《あお》られてくる。そのとき、急に頭上の空が暗黒と化したかと思うと、沛然《はいぜん》として大粒の雨が落ちてきた。雨はあたりの火照りをやや鎮めてくれたが、しばらくすると、またからりと晴れた天気に戻った。対岸の火事はまだ続いていた。今、こちらの岸には長兄と妹とそれから近所の見知った顔が二つ三つ見受けられたが、みんなは寄り集まって、てんでに今朝の出来事を語り合うのであった。

あのとき、兄は事務室のテーブルにいたが、庭先に閃《せん》光《こう》が走ると間もなく、⑪一間余り跳ね飛ばされ、家屋の下敷きになってしばらくもがいた。やがて隙間があるのに気づき、そこから這《は》い出すと、工場のほうでは、学徒が救いを求めて喚叫している——兄はそれを救い出すのに大奮闘した。妹は玄関の所で光線を見、大急ぎで階段の下に身を潜めたため、あまり負傷を受けなかった。みんな、初め自分の家だけ爆撃されたものと思い込んで、外に出てみると、どこも一様にやられているのに啞然《あぜん》とした。それに、地上の家屋は崩壊していながら、爆弾らしい穴があいていないのも不思議であった。あれは、⑫警戒警報が解除になって間もなくのことであった。ピカッと光ったものがあり、⑬マグネシュームを燃やすようなシューッという軽い音とともに一瞬さっと足もとが回転し、……それはまるで魔術のようであった、と妹はおののきながら語るのであった。

　向こう岸の火が鎮まりかけると、こちらの庭園の木立が燃え出したという声がする。かすかな煙が後ろの藪の高い空に見えそめていた。川の水は満潮のまままだ引こうとしない。私は石崖《いしがけ》を伝って、水際の所へ降りていってみた。すると、すぐ足もとの所を、白木の大きな箱が流れており、箱からはみ出た玉ねぎがあたりに漂っていた。私は箱を引き寄せ、中から玉ねぎをつかみ出しては、岸のほうへ手渡した。これは上流の鉄橋で貨車が転覆し、そこからこの箱はほうり出されて漂ってきたものであった。私が玉ねぎを拾っていると、「助けてえ。」という声が聞こえた。木片に取りすがりながら少女が一人、川の中ほどを浮き沈みして流されてくる。私は大きな材木を選ぶとそれを押すようにして泳いでいった。久しく泳いだこともない私ではあったが、思ったより簡単に相手を救い出すことができた。

　しばらく鎮まっていた向こう岸の火が、いつの間にかまた狂い出した。今度は赤い火の中にどす黒い煙が見え、その黒い塊が猛然と広がっていき、見る見るうちに炎の

2「そのときはまだ、……知ってはいなかったのである。」には、「私」のどのような心情が表れているか。

⑪**間**　長さの単位。一間は約一・八メートル。

⑫**警戒警報**　敵機の来襲に警戒を呼びかける警報。

⑬**マグネシューム**　金属元素の一つ。写真撮影のフラッシュに用いる。

熱度が増すようであった。が、その無気味な火もやがて燃え尽くすだけ燃えると、空虚な残骸の姿となっていた。そのときである、私は川下のほうの空に、ちょうど川の中ほどに当たって、ものすごい透明な空気の層が揺れながら移動してくるのに気づいた。竜巻だ、と思ううちにも、激しい風はすでに頭上をよぎろうとしていた。周りの草木がことごとく慄《ふる》え、と見ると、そのまま引き抜かれて空にさらわれていくあまたの樹木があった。空を舞い狂う樹木は矢のような勢いで、混濁の中に落ちていく。私はこのとき、あたりの空気がどんな色彩であったか、はっきり覚えてはいない。が、おそらく、ひどく陰惨な、地獄絵巻の緑の微光に包まれていたのではないかと思えるのである。

この竜巻が過ぎると、もう夕方に近い空の気配が感じられていたが、今まで姿を見せなかった二番目の兄が、ふとこちらにやってきたのであった。顔にさっと薄墨色の跡があり、背のシャツも引き裂かれている。その海水浴で日焼けしたくらいの皮膚の跡が、のちには化膿《かのう》を伴うやけどとなり、数か月も治療を要したのだが、このときはまだこの兄もなかなか元気であった。彼は自宅へ用事で帰った途端、上空に小さな飛行機を認め、続いて三つの妖しい光を見た。それから地上に一間余り跳ね飛ばされた彼は、家の下敷きになってもがいている家内と女中を救い出し、子供二人は女中に託して先に逃げ延びさせ、隣家の老人を助けるのに手間取っていたという。

兄嫁がしきりに別れた子供のことを案じていると、向こう岸の河原から女中の呼ぶ声がした。手が痛くて、もう子供を抱え切れないから早く来てくれと言うのであった。

泉邸の杜《もり》も少しずつ燃えていた。夜になってこの辺まで燃え移ってくるといけないし、明るいうちに向こう岸のほうへ渡りたかった。が、そこいらには渡し舟も見当たらなかった。長兄たちは橋を回って向こう岸へ行くことにし、私と二番目の兄とはまだ渡し舟を求めて上流のほうへ遡っていった。水に添う狭い石の通路を進んでいくに従って、私はここで初めて、言語に絶する人々の群れを見たのである。すでに傾いた日差しは、あたりの光景を青ざめさせていたが、岸の上にも岸の下にも、そのような人々がいて、水に影を落としていた。どのような人々であるか……。男であるのか、女であるのか、ほとんど区別もつかないほど、顔がくちゃくちゃに腫れ上がって、したがって目は糸のように細まり、唇は思いきり爛《ただ》れ、それに痛々しい肢体を露出させ、虫の息で彼らは横たわっているのであった。私たちがその前を通っていくに従ってその奇怪な人々は細い優しい声で呼び掛けた。「水を少し飲ませてください。」とか、「助けてください。」とか、ほとんどみんながみんな訴えごとを持っているのだった。

「おじさん。」と鋭い哀切な声で私は呼び止められていた。見ればすぐそこの川の中には、裸体の少年がすっぽり頭まで水につかって死んでいたが、その死体と半間も隔たらない石段の所に、二人の女がうずくまっていた。その顔は約一倍半も膨張し、醜くゆがみ、焦げた乱れ髪が女であるしるしを残している。これは一目見て、憐愍《れんびん》よりもまず、身の毛のよだつ姿であった。が、その女たちは、私の立ち止まったのを見ると、

「あの樹《き》の所にある布団は私のですからここへ持ってきてくださいませんか。」と哀願するのであった。

見ると、樹の所には、なるほど布団らしいものはあった。だが、その上にはやはり瀕死《ひんし》の重傷者が臥《ふ》していて、すでにどうにもならないのであった。

私たちは小さな筏《いかだ》を見つけたので、綱を解いて、向こう岸のほうへ漕《こ》いでいった。筏が向こうの砂原に着いたとき、あたりはもう薄暗かったが、ここにもたくさんの負傷者が控えているらしかった。水際にうずくまっていた一人の兵士が、「お湯を飲ましてくれ。」と頼むので、私は彼を自分の肩に寄り掛からしてやりながら、歩いていった。苦しげに、彼はよろよろと砂の上を進んでいたが、ふと、「死んだほうがましさ。」と吐き捨てるようにつぶやいた。私も暗然としてうなずき、言葉は出なかった。愚劣なものに対する、やり切れない憤りが、このとき我々を無言で結びつけているようであった。私は彼を

中途に待たしておき、土手の上にある給湯所を石崖の下から見上げた。すると、今湯気の立ち昇っている台の所で、茶碗《ちゃわん》を抱えて、黒焦げの大頭がゆっくりと、お湯を飲んでいるのであった。その膨大な、奇妙な顔は全体が黒豆の粒々ででき上がっているようであった。それに頭髪は耳のあたりで一直線に刈り上げられていた。（その後、一直線に頭髪の刈り上げられている火傷者を見るにつけ、これは帽子を境に髪が焼き取られているのだということを気づくようになった。）しばらくして、茶碗をもらうと、私はさっきの兵隊の所へ持ち運んでいった。ふと見ると、川の中に、これは一人の重傷兵が膝をかがめて、そこで思い切り川の水を飲みふけっているのであった。

夕闇の中に泉邸の空やすぐ近くの炎が鮮やかに浮き出てくると、砂原では木片を燃やして夕餉《ゆうげ》⑭の炊き出しをする者もあった。さっきから私のすぐそばに顔をふわふわに膨らした女が横たわっていたが、水をくれという声で、私は初めてそれが次兄の家の女中であることに気づいた。彼女は赤ん坊を抱えて台所から出かかったとき、光線に遭い、顔と胸と手を焼かれた。それから、赤ん坊と長女を連れて兄たちより一足先に逃げたが、橋の所で長女とはぐれ、赤ん坊だけを抱えてこの河原に来ていたのである。最初顔に受けた光線を遮ろうとして覆うた手が、その手が、今ももぎ取られるほど痛いと訴えている。

潮が満ちてき出したので、私たちはこの河原を立ちのいて、土手のほうへ移っていった。日はとっぷり暮れたが、「水をくれ、水をくれ。」と狂い回る声があちこちで聞こえ、河原に取り残されている人々の騒ぎはだんだん激しくなってくるようであった。この土手の上は風があって、眠るには少し冷え冷えしていた。すぐ向こうは饒津公園であるが、そこも今は闇に閉ざされ、樹の折れた姿がかすかに見えるだけであった。兄たちは土の窪《くぼ》みに横たわり、私も別に窪地を見つけて、そこへ入っていった。すぐそばには傷ついた女学生が三、四人横臥《おうが》していた。

「向こうの木立が燃え出したが逃げたほうがいいので

はないかしら。」と誰かが心配する。窪地を出て向こうを見ると、二、三町⑮先の樹に炎がキラキラしていたが、こちらへ燃え移ってきそうな気配もなかった。

「火は燃えてきそうですか。」と傷ついた少女はおびえながら私に訊《き》く。

「大丈夫だ。」と教えてやると、「今、何時ごろでしょう、まだ十二時にはなりませんか。」とまた訊く。

そのとき、警戒警報が出た。どこかにまだ壊れなかったサイレンがあるとみえて、かすかにその響きがする。街のほうはまだ盛んに燃えているらしく、茫《ぼう》とした明かりが川下のほうに見える。

「ああ、早く朝にならないのかなあ。」と女学生は嘆く。

「お母さん、お父さん。」とかすかに静かな声で合掌している。

3「火はこちらへ燃えてきそうですか。」と傷ついた少女がまた私に尋ねる。

河原のほうでは、誰かよほど元気な若者らしい者の、断末魔のうめき声がする。その声は八方にこだまし、走り回っている。「水を、水を、水をください、……ああ、……お母さん、……姉さん、……光《みつ》ちゃん。」と声は全身全霊を引き裂くようにほとばしり、「ウウ、ウウ。」と苦痛に追いまくられるあえぎが弱々しくそれに絡んでいる。

――幼い日、私はこの堤を通って、その河原に魚を捕りにきたことがある。**4**その暑い日の一日の記憶は不思議にはっきりと残っている。砂原にはライオン歯磨きの大きな立て看板があり、鉄橋のほうを時々、汽車が轟《ごう》と通っていった。夢のように平和な景色があったものだ。

⑭**炊き出し**　被災者に飯を炊いて与えること。
⑮**町**　距離の単位。一町は約一〇九メートル。

3「火はこちらへ燃えてきそうですか。」と「傷ついた少女」が「私」に繰り返し尋ねるのはなぜか。
4「暑い日の一日の記憶」を「私」が思い出すことには、どのような表現上の効果があるか。

夜が明けると昨夜の声はやんでいた。あの腸《はらわた》を絞る断末魔の声はまだ耳底に残っているようでもあったが、あたりは白々と朝の風が流れていた。長兄と妹とは家の焼け跡のほうへ回り、東練兵場[16]に施療所があるというので、次兄たちはそちらへ出掛けた。私もそろそろ東練兵場のほうへ行こうとすると、そばにいた兵隊が同行を頼んだ。その大きな兵隊は、よほどひどく傷ついているのだろう、私の肩に寄り掛かりながら、まるで壊れものを運んでいるように、おずおずと自分の足を進めていく。それに足もとは、破片といわず、屍《しかばね》といわず、まだ余熱をくすぶらしていて、恐ろしく険悪であった。常盤橋《ときわばし》まで来ると、兵隊は疲れ果てて、もう一歩も歩けないから置き去りにしてくれという。そこで私は彼と別れ、一人で饒津公園のほうへ進んだ。所々崩れたままで焼け残っている家屋もあったが、至る所、光の爪跡が印《しる》されているようであった。とある空き地に人が集まっていた。水道がちょろちょろ出ているのであった。ふとそのとき、姪《めい》が東照宮の避難所で保護されているということを、私は小耳に挟んだ。

急いで、東照宮の境内へ行ってみた。すると、今、小さな姪は母親と対面しているところであった。昨日、橋の所で女中とはぐれ、それから後はよその人について逃げていったのであるが、彼女は母親の姿を見ると、急に堪えられなくなったように泣き出した。その首がやけどで黒く痛そうであった。

施療所は東照宮の鳥居の下のほうに設けられていた。初め巡査がひととおり原籍[17]年齢などを取り調べ、それを記入した紙片を貰《もろ》うてからも、負傷者たちは長い行列を組んだまま炎天の下にまだ一時間くらいは待たされているのであった。だが、この行列に加われる負傷者ならまだ結構なほうかもしれないのだった。今も、「兵隊さん、兵隊さん、助けてよう、兵隊さん。」と火のついたように泣きわめく声がする。路傍に倒れて反転するやけどの娘であった。かと思うと、警防団[18]の服装をした男が、やけどで膨張した頭を石の上に横たえたまま、真っ黒の口を開けて、「誰か私を助けてください、ああ、看護婦さん、先生。」と弱い声で切れ切れに訴えているのである。が、誰も顧みてはくれないのであった。巡査も医者も看護婦も、みな他の都市から応援に来た者ばかりで、その数も限られていた。

　私は次兄の家の女中につき添って行列に加わっていたが、この女中も、今はだんだんひどく膨れ上がって、どうかすると地面にうずくまりたがった。ようやく順番が来て加療が済むと、私たちはこれから憩う場所を作らねばならなかった。境内至る所に重傷者はごろごろしているが、テントも木陰も見当たらない。そこで、石崖に薄い材木を並べ、それで屋根の代わりとし、その下へ私たちは入り込んだ。この狭苦しい場所で、二十四時間余り、私たち六名は暮らしたのであった。

　すぐ隣にも同じような恰好《かっこう》の場所が設けてあったが、そのむしろの上にひょこひょこ動いている男が、私のほうへ声をかけた。シャツも上着もなかったし、長ずぼんが片足分だけ腰のあたりに残されていて、両手、両足、顔をやられていた。この男は、中国ビルの七階で爆弾に遭ったのだそうだが、そんな姿になり果てても、すこぶる気丈夫なのだろう、口で人に頼み、口で人を使いとうとうここまで落ち延びてきたのである。そこへ今、満身血まみれの、⑲幹部候補生のバンドをした青年が迷い込んできた。すると、隣の男はきっとなって、

「おい、おい、どいてくれ、俺の体はめちゃくちゃになっているのだから、触りでもしたら承知しないぞ、いくらでも場所はあるのに、わざわざこんな狭い所へやってこなくてもいいじゃないか、え、とっとと去ってくれ。」とうなるように押っかぶせて言った。血まみれの青年は

⑯**練兵場**　戦闘訓練や、演習などを行う場所。
⑰**原籍**　本籍。
⑱**警防団**　第二次世界大戦中の消防組と防護団とを統合した団体。
⑲**幹部候補生**　予備役の将校または下士官となる選抜試験に合格した軍人。

きょとんとして腰を上げた。

　私たちの寝転んでいる場所から二メートル余りの地点に、葉のあまりない桜の木があったが、その下に女学生が二人ごろりと横たわっていた。どちらも、顔を黒焦げにしていて、痩せた背を炎天にさらし、水を求めてはうめいている。この近辺へ芋掘り作業に来て遭難した女子[20]商業の学徒であった。そこへまた、燻製《くんせい》の顔をした[21]、モンペ姿の婦人がやってくると、ハンドバックを下に置きぐったりと膝を伸ばした。……日はすでに暮れかかっていた。ここでまた夜を迎えるのかと思うと私は妙にわびしかった。

　夜明け前から念仏の声がしきりにしていた。ここでは誰かが、たえず死んでいくらしかった。朝の日が高くなったころ、女子商業の生徒も、二人とも息を引き取った。溝にうつ伏せになっている死骸を調べ終えた巡査が、モンペ姿の婦人のほうへ近づいてきた。これも姿勢を崩して今はこときれているらしかった。巡査がハンドバックを開いてみると、通帳や公債[22]が出てきた。旅装のまま、遭難した婦人であることがわかった。

　昼ごろになると、空襲警報が出て、爆音も聞こえる。あたりの悲惨醜怪さにも大分慣らされているものの、疲労と空腹はだんだん激しくなっていった。次兄の家の長男と末の息子は、二人とも市内の学校へ行っていたので、まだ、どうなっているかわからないのであった。人は次々に死んでいき、死骸はそのままほうってある。救いのない気持ちで、人はそわそわ歩いている。それなのに、練兵場のほうでは、今やけに[23]嚠喨《りゅうりょう》としてラッパが吹奏されていた。

　やけどした姪たちはひどく泣きわめくし、女中はしきりに水をくれと訴える。いい加減、みんなほとほと弱っているところへ、長兄が戻ってきた。彼は昨日は兄嫁の[24]疎開先である[25]廿日《はつか》市町《いちまち》のほうへ寄り、今日は[26]八幡《やはた》村のほうへ交渉して荷馬車を雇ってきたのである。そこでその馬車に乗って私たちはここを引き上げることになった。

馬車は次兄の一家族と私と妹を乗せて、東照宮下から饒津へ出た。馬車が白島《はくしま》から泉邸入り口のほうへ来かかったときのことである。西練兵場寄りの空き地に、見覚えのある、黄色の、半ずぼんの死体を、次兄はちらりと見つけた。そして彼は馬車を降りていった。兄嫁も私も続いて馬車を離れ、そこへ集まった。見覚えのあるずぼんに、まぎれもないバンドを締めている。死体は甥《おい》の文《ふみ》彦《ひこ》であった。上着はなく、胸のあたりに拳大《こぶしだい》の腫れ物があり、そこから液体が流れている。真っ黒くなった顔に、白い歯がかすかに見え、投げ出した両手の指は固く、内側に握り締め、爪が食い込んでいた。そのそばに中学生の死体が一つ、それからまた離れた所に、若い女の死体が一つ、いずれも、ある姿勢のまま硬直していた。次兄は文彦の爪を剝ぎ、バンドを形見に取り、名札をつけて、そこを立ち去った。涙も乾き果てた遭遇であった。

馬車はそれから国泰寺《こくたいじ》のほうへ出、住吉橋《すみよしばし》を越して己《こ》斐《い》のほうへ出たので、私はほとんど目抜きの焼け跡を一覧することができた。ギラギラと炎天の下に横たわっている銀色の虚無の広がりの中に、道があり、川があり、橋があった。そして、赤むけの膨れ上がった死体が所々に配置されていた。これは精密巧緻な方法で実現された新地獄にちがいなく、ここではすべて人間的なものは抹殺され、たとえば死体の表情にしたところで、何か模型

⑳**女子商業**　広島女子商業学校。
㉑**モンペ**　袴《はかま》の形をして足首のところをくくる労働用の衣服。戦争中には、女性のふだん着とされた。
㉒**公債**　国や地方自治体が、歳出の財源を得るために金銭を借り入れることによって負う債務。ここでは、その証書。
㉓**嚠喨**　管楽器の音などが澄みわたっているさま。
㉔**疎開**　空襲・火災などの被害から逃れるため、都市から地方へ移り住むこと。
㉕**廿日市町**　今の広島県廿日市市にあった地名。
㉖**八幡村**　今の広島市佐伯区五日市町にあった地名。

的な機械的なものに置き換えられているのであった。苦《く》悶《もん》の一瞬あがいて硬直したらしい肢体は一種の妖しいリズムを含んでいる。電線の乱れ落ちた線や、おびただしい破片で、虚無の中に痙攣《けいれん》的の図案が感じられる。だが、さっと転覆して焼けてしまったらしい電車や、巨大な胴を投げ出して転倒している馬を見ると、どうも、㉗超現実派の画《え》の世界ではないかと思えるのである。国泰寺の大きな楠《くすのき》も根こそぎ転覆していたし、墓石も散っていた。外郭だけ残っている浅野図書館は死体収容所となっていた。道はまだ所々で煙り、死臭に満ちている。川を越すたびに、橋が落ちていないのを意外に思った。この辺の印象は、どうも片仮名で描きなぐるほうがふさわしいようだ。それで次に、そんな一節を挿入しておく。

ギラギラノ破片ヤ
灰白色ノ燃エガラガ
ヒロビロトシタ　パノラマノヨウニ
アカクヤケタダレタ　ニンゲンノ死体ノキミョウナ
リズム
スベテアッタコトカ　アリエタコトナノカ
パット剝ギトッテシマッタ　アトノセカイ
テンプクシタ電車ノワキノ
馬ノ胴ナンカノ　フクラミカタハ
プスプストケムル電線ノニオイ

倒壊の跡の果てしなく続く道を馬車は進んでいった。郊外に出ても崩れている家屋が並んでいたが、草津を過ぎるとようやくあたりも青々として災禍の色から解放されていた。そして青田の上をすいすいととんぼの群れが飛んでゆくのが目にしみた。それから八幡村までの長い単調な道があった。八幡村へ着いたのは、日もとっぷり暮れたころであった。そして翌日から、その土地での、悲惨な生活が始まった。負傷者の回復もはかどらなかったが、元気だった者も、食糧不足からだんだん衰弱していった。やけどした女中の腕はひどく化膿し、蠅《はえ》が群れて、とうとう蛆《うじ》がわくようになった。蛆はいくら消毒しても、後から後からわいた。そして、彼女は一か月余りののち、死んでいった。

この村へ移って四、五日目に、行方不明であった中学生の甥が帰ってきた。彼は、あの朝、建物疎開㉘のため学校へ行ったがちょうど、教室にいたとき光を見た。瞬間、机の下に身を伏せ、次いで天井が落ちて埋もれたが、隙間を見つけて這い出した。這い出して逃げ延びた生徒は四、五名にすぎず、他は全部、最初の一撃で駄目になっていた。彼は四、五名といっしょに比治山《ひじやま》に逃げ、途中で白い液体を吐いた。それからいっしょに逃げた友人の所へ汽車で行き、そこで世話になっていたのだそうだ。しかし、この甥もこちらへ帰ってきて、一週間余りすると、頭髪が抜け出し、二日くらいですっかり禿《は》げになってしまった。今度の遭難者で、頭髪が抜け鼻血が出だすと大概助からない、という説がそのころ大分広まっていた。頭髪が抜けてから十二、三日目に、甥はとうとう鼻血を出しだした。医者はその夜がすでに危なかろうと宣告していた。しかし、彼は重態のままだんだん持ちこたえていくのであった。

Nは疎開工場のほうへ初めて汽車で出掛けていく途中、ちょうど汽車がトンネルに入ったとき、あの衝撃を受けた。トンネルを出て、広島のほうを見ると、落下傘が三つ、ゆるく流れてゆくのであった。それから次の駅に汽車が着くと、駅のガラス窓がひどく壊れているのに驚いた。やがて、目的地まで達したときには、すでに詳しい情報が伝わっていた。彼はその足ですぐ引き返すようにして汽車に乗った。すれ違う列車はみな奇怪な重傷者を満載していた。彼は街の火災が鎮まるのを待ちかねて、

㉗**超現実派**　意識下の世界や、非現実の世界を探究し、表現しようとする芸術一派。
㉘**建物疎開**　空襲の被害を少なくするために、密集している建物を取り壊して空き地を作ること。

まだ熱いアスファルトの上をずんずん進んでいった。そして一番に妻の勤めている女学校へ行った。教室の焼け跡には、生徒の骨があり、校長室の跡には校長らしい白骨があった。が、Nの妻らしいものはついに見いだせなかった。彼は大急ぎで自宅のほうへ引き返してみた。そこは宇品《うじな》の近くで家が崩れただけで火災は免れていた。が、そこにも妻の姿は見つからなかった。それから今度は自宅から女学校へ通じる道に倒れている死体を一つ一つ調べてみた。大概の死体がうつ伏せになっているので、それを抱き起こしては首実検するのであったが、どの女もどの女も変わり果てた相をしていたが、しかし彼の妻ではなかった。しまいには方角違いの所まで、ふらふらと見て回った。水槽の中に折り重なってつかっている十余りの死体もあった。河岸《かし》にかかっているはしごに手をかけながら、そのまま硬直している三つの死骸があった。バスを待つ行列の死骸は立ったまま、前の人の肩に爪を立てて死んでいた。郡部から家屋疎開の勤労奉仕に動員されて、全滅している群れも見た。西練兵場のものすごさといったらなかった。そこは兵隊の死の山であった。しかし、どこにも妻の死骸はなかった。

Nは至る所の収容所を訪ね回って、重傷者の顔をのぞき込んだ。どの顔も悲惨の極みではあったが、彼の妻の顔ではなかった。そうして、三日三晩、死体とやけど患者をうんざりするほど見て過ごしたあげく、Nは最後にまた妻の勤め先である女学校の焼け跡を訪れた。

原民喜　一九〇五年（明治三八）―一九五一年（昭和二六）。小説家。広島県生まれ。一九四五年（昭和二〇）、原爆投下直後の広島の悲惨な姿に直面した後は、自らの被爆体験をもとに人間の連帯を絶望的に求める作品を書いた。作品に「夏の花」三部作（『夏の花』『廃墟から』『壊滅の序曲』）などがある。本文は『小説集　夏の花』によった。

学習の手引き

一 「八月六日の朝」（六七・下9）から「八幡村」（八二・下12）に着くまで、「私」が移動した経路を、当時の地図を参考に推測してたどってみよう。

二 「私」が目撃した光景について、次の項目ごとに整理してみよう。

1 八月六日、「私」の家を出てから一夜を明かすまで。

2 八月七日、川岸を離れ、東照宮の境内に身を置くまで。

3 八月八日、馬車で八幡村まで移動しているとき。

三 「そんな一節」（八二・上13）について、「この辺の印象は、どうも片仮名で描きなぐるほうがふさわしい」（八二・上11）と「私」が考えたのはなぜか、説明してみよう。

四 この小説が「私」の墓参りから始まり、「N」が妻を探す場面で終わっていることの、構成上の効果を説明してみよう。

五 この作品の描写の特徴をあげ、それがどのような効果をあげているか、話し合ってみよう。

活動の手引き

一 「片仮名で描きなぐ」（八二・上12）った結果、「そんな一節」は小説の中でどのような表現上の効果を持ったか。一部を漢字とひらがなに書き直して比較してみよう。

言葉の手引き

一 次のかたかなを漢字に改めよう。

1 テンプクした電車。

2 ひどくインサンな光景。

3 ダンマツマのうめき声。

4 ロボウに倒れる。

5 キンロウホウシに動員される。

二 次の言葉の意味を調べてみよう。

1 野趣を帯びる（六七・上7）

2 うそぶく（七〇・上14）

3 さばさばした（七二・上7）

4 沛然として（七二・下6）

5 言語に絶する（七四・下18）

三 次の表現には、「私」のどのような心情が反映されているか、説明してみよう。

1 夢のように平和な景色があったものだ。（七七・下13）

2 今やけに嚠喨としてラッパが吹奏されていた。（八〇・下10）

3 涙も乾き果てた遭遇であった。（八一・下3）

こころ

夏目《なつめ》漱石《そうせき》

学習のねらい
物事の展開と出来事を整理しながら、「私」と「K」それぞれの心情をつかむ。

『こころ』は、「私」と名乗る青年が、「先生」と心をこめて呼ぶ人物との出会いから、「先生」の自殺に至るまでの「記憶」を回想的に語る形式の小説で、「上　先生と私」「中　両親と私」「下　先生と遺書」の三部から成っている。

「上　先生と私」では、学生であった「私」が、鎌倉の海岸で偶然知り合った「先生」の人柄と見識に心引かれ、「先生」の家に出入りし、その奥さんとも言葉を交わすようになるいきさつが語られる。毎月ただ一人で、雑司ヶ《ぞうしが》谷《や》の友人の墓に詣でることを欠かさない「先生」。恋や財産について感慨をこめて語りかける「先生」。その言動に潜む陰影を解き明かしたいと思い立った「私」は、「先生の過去」に関心を向けて「先生」に肉薄する。「先生」は、とまどいの末に時機が来たら話そうと約束する。

「中　両親と私」では、大学を卒業して帰省した夏の「私」と「両親」との交渉が語られる。病に倒れた父親が、明治天皇の崩御、乃木《のぎ》将軍殉死と相次ぐ報知に激しい動揺を見せて重態に陥ってゆくさなか、東京から「先生」の長文の手紙が届く。手紙で「先生」の自殺を知った「私」は、父親を気遣いつつも東京に向かう。

「下　先生と遺書」は、「先生」が綴《つづ》った手紙――遺書――の全文で、その青春の事件の委細と、今日の自殺に至る心境が語られてある。ここに採ったのは、その後半の一部である。

【省略部分のあらすじ】

故郷の新潟県で育った私（ここでは「先生」の自称）は、中学校時代に伝染病のため両親を相次いで失った。実業家の叔父に財産の管理を委ねた私は、上京して高等学校（旧制）に入学した。叔父が望んだ従妹《いとこ》との結婚話を断ったため、三度目の夏休みには叔父一家との不仲が決定的となり、やがて叔父が、私の財産を無断で流用していたことや、それを糊塗《こと》するため自分の娘との結婚を勧めていたことを知り、私は強い人間不信に陥った。

故郷との縁を断って上京した私は、大学生となった秋に、伝通院《でんずういん》あたりの軍人の遺族の家に間借りすることとなり、「奥さん」と「お嬢さん」の温かな態度に接するうちに、しだいに心を開いてゆくようになった。静《しず》というお嬢さんへの気持ちの傾きが、私にも自覚されるようになった大学二年生のころ、私はKという同郷の友人の窮状を見るに忍びず、ためらう奥さんを説き伏せて、この家に同居させるように計らった。

Kは、医家である養家を欺いて哲学を学ぶ青年であったが、大学入学後、実家からも勘当されて独力で己を支えてゆかねばならなかった。神経衰弱気味のKは、私の庇護《ひご》や奥さんとお嬢さんのぬくもりによって健康を回復していった。一方お嬢さんとKとの間に生じた親しさが、私の中に嫉妬の情を呼び起こすこととなり、Kに対しての学問上の劣等感とあいまって、私は苦悩を深めていった。

二年生の夏休みになって、私はKを強引に誘って房州旅行に出かける。その途次、小湊《こみなと》の誕生寺でKが日蓮《にちれん》について話しかけた際、疲労していた私は、それに取り合わなかった。翌日になってKは、「精神的に向上心のない者はばかだ。」と私をやりこめた。旅行から帰ったあと、お嬢さんの挙動が私の疑心暗鬼をいっそうつのらすようになった。私は、お嬢さんへの結婚申し込みを思い立ちながら、ためらう日々を送っていた。

新年を迎えたある日、奥さんとお嬢さんが外出したあとで、Kが私の部屋に入ってきた。——

Kはいつもに似合わない話を始めました。奥さんとお嬢さんは①市ケ谷《いちがや》のどこへ行ったのだろうと言うのです。私はおおかた叔母さんのところだろうと答えました。Kはその叔母さんはなんだとまたききます。私はやはり軍人の細君だと教えてやりました。すると女の年始はたいてい十五日過ぎだのに、なぜそんなに早く出かけたのだろうと質問するのです。私はなぜだか知らないと挨拶するよりほかにしかたがありませんでした。

Kはなかなか奥さんとお嬢さんの話をやめませんでした。しまいには私も答えられないような立ち入ったことまできくのです。私はめんどうよりも不思議の感に打たれました。以前私のほうから二人を問題にして話しかけたときの彼を思い出すと、私はどうしても彼の調子の変わっているところに気がつかずにはいられないのです。私はとうとうなぜ今日に限ってそんなことばかり言うのかと彼に尋ねました。

そのとき彼は突然黙りました。しかし私は彼の結んだ口元の肉が震えるように動いているのを注視しました。彼は元来無口な男でした。平生から何か言おうとすると、言う前によく口のあたりをもぐもぐさせる癖がありました。彼の唇がわざと彼の意志に反抗するようにたやすく開《あ》かないところに、彼の言葉の重みもこもっていたのでしょう。いったん声が口を破って出るとなると、その声には普通の人よりも倍の強い力がありました。

彼の口元をちょっと眺めたとき、私はまた何か出てくるなとすぐ感づいたのですが、それがはたしてなんの準備なのか、私の予覚はまるでなかったのです。だから驚いたのです。彼の重々しい口から、彼のお嬢さんに対する切ない恋を打ち明けられたときの私を想像してみてください。私は彼の❶魔法棒のために一度に化石されたようなものです。口をもぐもぐさせるはたらきさえ、私にはなくなってしまったのです。

そのときの私は恐ろしさの塊《かたまり》と言いましょうか、または苦しさの塊と言いましょうか、なにしろ一つの塊でした。石か鉄のように頭から足の先までが急に固くなったのです。呼吸をする弾力性さえ失われたくらいに固くなったのです。幸いなことにその状態は長く続きませんでした。私は一瞬間の後に、また人間らしい気分を取り戻しました。そうして、すぐしまったと思いました。先を越されたなと思いました。

しかしその先をどうしようという分別はまるで起こりません。おそらく起こるだけの余裕がなかったのでしょう。私は脇の下から出る気味の悪い汗がシャツにしみ通るのをじっと我慢して動かずにいました。Kはその間いつものとおり重い口を切っては、ぽつりぽつりと自分の心を打ち明けてゆきます。私は苦しくってたまりませんでした。おそらくその苦しさは、大きな広告のように、私の顔の上にはっきりした字で貼りつけられてあったろうと私は思うのです。いくらKでもそこに気のつかないはずはないのですが、彼はまた彼で、自分のことに一切を集中しているから、私の表情などに注意する暇がなかったのでしょう。彼の自白は最初から最後まで同じ調子で貫いていました。重くてのろいかわりに、とても容易なことでは動かせないという感じを私に与えたのです。私の心は半分その自白を聞いていながら、半分どうしようどうしようという念にたえずかき乱されていましたから、細かい点になるとほとんど耳へ入らないと同様でしたが、それでも彼の口に出す言葉の調子だけは強く胸に響きました。そのために私は前言った苦痛ばかりでなく、時には一種の恐ろしさを感ずるようになったのです。つまり相手は自分

①市ヶ谷　東京都新宿区市ヶ谷。

1「魔法棒のために一度に化石された」という表現は、どのような効果をあげているか。

2「相手は自分より強いのだ……始めたのです。」とは、どのような気持ちか。

より強いのだという恐怖の念がきざし始めたのです。

Ｋの話がひととおり済んだとき、私はなんとも言うことができませんでした。こっちも彼の前に同じ意味の自白をしたものだろうか、それとも打ち明けずにいるほうが得策だろうか、私はそんな利害を考えて黙っていたのではありません。ただ何事も言えなかったのです。また言う気にもならなかったのです。

昼飯のとき、Ｋと私は向かい合わせに席を占めました。下女に給仕をしてもらって、私はいつにないまずい飯を済ませました。二人は食事中もほとんど口をききませんでした。奥さんとお嬢さんはいつ帰るのだかわかりませんでした。

二人はめいめいの部屋に引き取ったぎり顔を合わせませんでした。Ｋの静かなことは朝と同じでした。私もじっと考え込んでいました。

私は当然自分の心をＫに打ち明けるべきはずだと思いました。しかしそれにはもう時機が遅れてしまったという気も起こりました。なぜさっきＫの言葉を遮って、こっちから逆襲しなかったのか、そこが非常な手ぬかりのように見えてきました。せめてＫのあとに続いて、自分は自分の思うとおりをその場で話してしまったら、まだよかったろうにとも考えました。Ｋの自白に一段落がついた今となって、こっちからまた同じことを切り出すのは、どう思案しても変でした。私はこの不自然に打ち勝つ方法を知らなかったのです。私の頭は悔恨に揺られてぐらぐらしました。

私はＫが再び仕切りの襖《ふすま》を開けて向こうから突進して来てくれればいいと思いました。私に言わせれば、さっきはまるで不意打ちにあったも同じでした。私にはＫに応ずる準備も何もなかったのです。私は午前に失ったものを、今度は取り戻そうという下心を持っていました。それで時々目を上げて、襖を眺めました。しかしその襖はいつまでたっても開《あ》きません。そうしてKは永久に静かなのです。

　そのうち私の頭はだんだんこの静かさにかき乱されるようになってきました。Kは今襖の向こうで何を考えているだろうと思うと、それが気になってたまらないのです。不断もこんなふうにお互いが仕切り一枚を間に置いて黙り合っている場合は始終あったのですが、私はKが静かであればあるほど、彼の存在を忘れるのが普通の状態だったのですから、そのときの私はよほど調子が狂っていたものとみなければなりません。それでいて私はこっちから進んで襖を開けることができなかったのです。いったん言いそびれた私は、また向こうからはたらきかけられる時機を待つよりほかにしかたがなかったのです。

　しまいに私はじっとしておられなくなりました。無理にじっとしていれば、Kの部屋へ飛び込みたくなるのです。私はしかたなしに立って縁側へ出ました。そこから茶の間へ来て、なんという目的もなく、鉄瓶の湯を湯のみについで一杯飲みました。それから玄関へ出ました。私はわざとKの部屋を回避するようにして、こんなふうに自分を往来の真ん中に見いだしたのです。私にはむろんどこへ行くというあてもありません。ただじっとしていられないだけでした。それで方角も何もかまわずに、正月の町を、むやみに歩き回ったのです。私の頭はいくら歩いてもKのことでいっぱいになっていました。私もKを振るい落とす気で歩き回るわけではなかったのです。むしろ自分から進んで彼の姿を咀嚼《そしゃく》しながらうろついていたのです。

　私には第一に彼が解しがたい男のように見えました。どうしてあんなことを突然私に打ち明けたのか、またどうして打ち明けなければいられないほどに、彼の恋がつのってきたのか、そうして平生の彼はどこに吹き飛ばされてしまったのか、すべて私には解しにくい問題でした。私は彼の強いことを知っていました。また彼の真面目なことを知っていました。私はこれから私の取るべき態度を決する前に、彼についてきかなければならない多くを持っていると信じました。同時にこれから先彼を相手にするのが変に気味が悪かったのです。私は夢中に町の中を歩きながら、自分の部屋にじっと座っている彼の容貌を始終目の前に描き出しました。しかもいくら私が歩いても彼を動かすことはとうていできないのだという声がどこかで聞こえるのです。つまり私には彼が一種の魔物のように思えたからでしょう。私は永久彼に祟《たた》られたのではなかろうかという気さえしました。

私が疲れてうちへ帰ったとき、彼の部屋は依然として人気のないように静かでした。

ある日私は久し振りに学校の図書館に入りました。私は広い机の片隅で窓から差す光線を半身に受けながら、新着の外国雑誌を、あちらこちらとひっくり返して見ていました。私は担任教師から専攻の学科に関して、次の週までにある事項を調べてこいと命ぜられたのです。しかし私に必要な事柄がなかなか見つからないので、私は二度も三度も雑誌を借り替えなければなりませんでした。最後に私はやっと自分に必要な論文を探し出して、一心にそれを読み出しました。すると突然幅の広い机の向こう側から小さな声で私の名を呼ぶ者があります。私はふと目を上げてそこに立っているKを見ました。Kはその上半身を机の上に折り曲げるようにして、彼の顔を私に近づけました。ご承知のとおり図書館ではほかの人のじゃまになるような大きな声で話をするわけにゆかないのですから、Kのこの所作は誰でもやる普通のことなのですが、私はそのときに限って、一種変な心持ちがしました。

Kは低い声で勉強かとききました。私はちょっと調べものがあるのだと答えました。それでもKはまだその顔を私から離しません。同じ低い調子でいっしょに散歩をしないかというのです。私は少し待っていればしてもいいと答えました。彼は待っていると言ったまま、すぐ私の前の空席に腰を下ろしました。すると私は気が散って急に雑誌が読めなくなりました。なんだかKの胸に一物《いちもつ》があって、談判でもしに来られたように思われてしかたがないのです。私はやむを得ず読みかけた雑誌を伏せて、立ち上がろうとしました。Kは落ち着き払ってもう済んだのかとききます。私はどうでもいいのだと答えて、雑誌を返すとともに、Kと図書館を出ました。

二人は別に行く所もなかったので、②竜岡町《たつおか》から池の端《はた》へ出て、③上野の公園の中へ入りました。そのとき彼は例の事件について、突然向こうから口を切りました。前後の様子を総合して考えると、Kはそのために私をわざわざ散歩に引っ張り出したらしいのです。けれども彼の態度はまだ実際的の方面へ向かってちっとも進んでいませんでした。彼は私に向かって、ただ漠然と、どう思うと言うのです。どう思うというのは、そうした恋愛の淵《ふち》に陥った彼を、どんな目で私が眺めるかという質問なのです。一言《いちごん》で言うと、彼は現在の自分について、私の批判を求めたいようなのです。そこに私は❸彼の平生と異なる点をたしかに認めることができたと思いました。たびたび繰り返すようですが、彼の天性は人の思わくをはばかるほど弱くでき上がってはいなかったのです。こうと信じたら一人でどんどん進んでゆくだけの度胸もあり勇気もある男なのです。④養家事件でその特色を強く胸のうちに彫りつけられた私が、これは様

②**竜岡町**　東京都文京区にあった町名。
③**上野の公園**　東京都台東《たいとう》区上野にある公園。
❸「彼の平生と異なる点」とは、どのような点か。
④**養家事件**　医家に養子に行っていた「K」は、養家を欺き、医科に進むと称して文科に入学した。のちにそれを告白したため養家からは離籍され、実家からは勘当されてしまった。

子が違うと明らかに意識したのは当然の結果なのです。

　私がKに向かって、この際なんで私の批評が必要なのかと尋ねたとき、彼はいつもにも似ない悄然《しょうぜん》とした口調で、自分の弱い人間であるのが実際恥ずかしいと言いました。そうして迷っているから自分で自分がわからなくなってしまったので、私に公平な批評を求めるよりほかにしかたがないと言いました。私はすかさず迷うという意味を聞きただしました。彼は進んでいいか退いていいか、それに迷うのだと説明しました。私はすぐ一歩先へ出ました。そうして退こうと思えば退けるのかと彼にききました。すると彼の言葉がそこで不意に行き詰まりました。彼はただ苦しいと言っただけでした。実際彼の表情には苦しそうなところがありありと見えていました。もし相手がお嬢さんでなかったならば、私はどんなに彼に都合のいい返事を、その渇ききった顔の上に慈雨のごとく注いでやったかわかりません。私はそのくらいの美しい同情を持って生まれてきた人間と自分ながら信じています。しかしそのときの私は違っていました。

　私はちょうど他流試合でもする人のようにKを注意して見ていたのです。私は、私の目、私の心、私の身体《からだ》、すべて私という名のつくものを五分の隙間もないように用意して、Kに向かったのです。罪のないKは穴だらけというよりむしろ明け放しと評するのが適当なくらいに無用心でした。私は彼自身の手から、[4]彼の保管している要塞の地図を受け取って、彼の目の前でゆっくりそれを眺めることができたも同じでした。

　Kが理想と現実の間に彷徨《ほうこう》してふらふらしているのを発見した私は、ただ一打ちで彼を倒すことができるだろうという点にばかり目をつけました。そうしてすぐ彼の虚につけ込んだのです。私は彼に向かって急に厳粛な改まった態度を示し出しました。むろん策略からですが、その態度に相応するくらいな緊張した気分もあったのですから、自分に滑稽だの羞恥だのを感ずる余裕はありませんでした。私はまず「精神的に向上心のない者はばかだ。」と言い放ちました。これは二人で⑤房州を旅行している際、Kが私に向かって使った言葉です。私は彼の使ったとおりを、彼と同じような口調で、再び彼に投げ返したのです。しかし決して復讐《ふくしゅう》ではありません。私は復讐以上に残酷な意味を持っていたということを自白します。私はその一言《いちごん》でKの前に横たわる恋の行く手を塞ごうとしたのです。

　Kは⑥真宗寺《でら》に生まれた男でした。しかし彼の傾向は中学時代から決して生家の宗旨に近いものではなかったのです。教義上の区別をよく知らない私が、こんなことを言う資格に乏しいのは承知していますが、私はただ男女《なんにょ》に関係した点についてのみ、そう認めていたのです。Kは昔から精進という言葉が好きでした。私はその言葉の中に、禁欲という意味もこもっているのだろうと解釈していました。しかしあとで実際を聞いてみると、それよりもまだ厳重な意味が含まれているので、私は驚きました。道のためにはすべてを犠牲にすべきものだというのが彼の第一信条なのですから、⑦摂欲や禁欲はむろん、たとい欲を離れた恋そのものでも道の妨げになるのです。Kが自活生活をしている時分に、私はよく彼から彼の主張を聞かされたのでした。そのころからお嬢さんを思っていた私は、いきおいどうしても彼に反対しなければならなかったのです。私が反対すると、

4「彼の保管している……眺める」とは、どのような意味か。

⑤房州　今の千葉県の南部。
⑥真宗　浄土真宗。
⑦摂欲　欲望を抑えること。

彼はいつでも気の毒そうな顔をしました。そこには同情よりも侮蔑のほうがよけいに現れていました。

　こういう過去を二人の間に通り抜けてきているのですから、精神的に向上心のない者はばかだという言葉は、Kにとって痛いにちがいなかったのです。しかし前にも言ったとおり、私はこの一言《いちごん》で、彼がせっかく積み上げた過去を蹴散らしたつもりではありません。かえってそれを今までどおり積み重ねてゆかせようとしたのです。それが道に達しようが、天に届こうが、私はかまいません。私はただKが急に生活の方向を転換して、私の利害と衝突するのを恐れたのです。要するに私の言葉は単なる利己心の発現でした。

「精神的に向上心のない者は、ばかだ。」

　私は二度同じ言葉を繰り返しました。そうして、その言葉がKの上にどう影響するかを見つめていました。

「ばかだ。」とやがてKが答えました。[5]「僕はばかだ。」

　Kはぴたりとそこへ立ち止まったまま動きません。彼は地面の上を見つめています。私は思わずぎょっとしました。私にはKがその刹那に居直り強盗のごとく感ぜられたのです。しかしそれにしては彼の声がいかにも力に乏しいということに気がつきました。私は彼の目づかいを参考にしたかったのですが、彼は最後まで私の顔を見ないのです。そうして、そろそろとまた歩き出しました。

　私はKと並んで足を運ばせながら、彼の口を出る次の言葉を腹の中で暗に待ち受けました。あるいは待ち伏せと言ったほうがまだ適当かもしれません。そのときの私はたといKをだまし打ちにしてもかまわないくらいに思っていたのです。しかし私にも教育相当の良心はありますから、もし誰か私のそばへ来て、おまえは卑怯《ひきょう》だと一言ささやいてくれる者があったなら、私はその瞬間に、はっと我にたち返ったかもしれません。もしKがその人であったなら、私はおそらく彼の前に赤面したでしょう。ただKは私をたしなめるにはあまりに正直でした。あまりに単純でした。あまりに人格が善良だったのです。目のくらんだ私は、そこに敬意を払うことを忘れて、かえってそこにつけ込んだのです。そこを利用して彼を打ち倒そうとしたのです。

　Kはしばらくして、私の名を呼んで私のほうを見ました。今度は私のほうで自然と足を止めました。するとKも止まりました。私はそのときやっとKの目を真向きに見ることができたのです。Kは私より背《せい》の高い男でしたから、私はいきおい彼の顔を見上げるようにしなければなりません。私はそうした態度で、狼《おおかみ》のごとき心を罪のない羊に向けたのです。

「もうその話はやめよう。」と彼が言いました。彼の目にも彼の言葉にも変に悲痛なところがありました。私はちょっと挨拶ができなかったのです。するとKは、「やめてくれ。」と今度は頼むように言い直しました。私はそのとき彼に向かって残酷な答えを与えたのです。狼がすきをみて羊の咽喉笛《のどぶえ》へ食らいつくように。

「やめてくれって、僕が言い出したことじゃない、もともと君のほうから持ち出した話じゃないか。しかし君がやめたければ、やめてもいいが、ただ口の先でやめたってしかたがあるまい。君の心でそれをやめるだけの覚悟がなければ。いったい君は君の平生の主張をどうするつもりなのか。」

　私がこう言ったとき、背の高い彼は自然と私の前に萎縮して小さくなるような感じがしました。彼はいつも話すとおりすこぶる強情な男でしたけれども、一方ではまた人一倍の正直者でしたから、自分の矛盾などをひどく非難される場合には、決して平気で

5「僕はばかだ。」と言ったのは、どのような気持ちからか。

いられないたちだったのです。私は彼の様子を見てようやく安心しました。すると彼は卒然「覚悟？」とききました。そうして私がまだなんとも答えない先に「覚悟、——覚悟ならないこともない。」とつけ加えました。彼の調子は独り言のようでした。また夢の中の言葉のようでした。

二人はそれぎり話を切り上げて、[8]小石川《こいしかわ》の宿のほうに足を向けました。わりあいに風のない暖かな日でしたけれども、なにしろ冬のことですから、公園の中は寂しいものでした。ことに霜に打たれて蒼《あお》みを失った杉の木立の茶褐色が、薄黒い空の中に、梢《こずえ》を並べてそびえているのを振り返って見たときは、寒さが背中へかじりついたような心持ちがしました。我々は夕暮れの[9]本郷台を急ぎ足でどしどし通り抜けて、また向こうの丘へ上るべく小石川の谷へ降りたのです。私はそのころになって、ようやく外套《がいとう》の下に体《たい》の温かみを感じ出したくらいです。

急いだためでもありましょうが、我々は帰り道にはほとんど口をききませんでした。うちへ帰って食卓に向かったとき、奥さんはどうして遅くなったのかと尋ねました。私はＫに誘われて上野へ行ったと答えました。奥さんはこの寒いのにと言って驚いた様子を見せました。お嬢さんは上野に何があったのかと聞きたがります。私は何もないが、ただ散歩したのだという返事だけしておきました。平生から無口なＫは、いつもよりなお黙っていました。奥さんが話しかけても、お嬢さんが笑っても、ろくな挨拶はしませんでした。それから飯を飲み込むようにかき込んで、私がまだ席を立たないうちに、自分の部屋へ引き取りました。

そのころは覚醒とか新しい生活とかいう文字《もんじ》のまだない時分でした。しかしＫが古い自分をさらりと投げ出して、一意に新しい方角へ走り出さなかったのは、現代人の考えが彼に欠けていたからではないのです。彼には投げ出すことのできないほど尊い過去があったからです。彼はそのために今日まで生きてきたと言ってもいいくらいなのです。だからKが一直線に愛の目的物に向かって猛進しないといって、決してその愛のなまぬるいことを証拠だてるわけにはゆきません。いくら熾烈《しれつ》な感情が燃えていても、彼はむやみに動けないのです。前後を忘れるほどの衝動が起こる機会を彼に与えない以上、Kはどうしてもちょっと踏みとどまって自分の過去を振り返らなければならなかったのです。そうすると過去がさし示す道を今までどおり歩かなければならなくなるのです。そのうえ彼には現代人の持たない強情と我慢がありました。私はこの双方の点においてよく彼の心を見抜いていたつもりなのです。

上野から帰った晩は、私にとって比較的安静な夜《よ》**6**でした。私はKが部屋へ引き上げたあとを追いかけて、彼の机のそばに座り込みました。そうしてとりとめもない世間話をわざと彼にしむけました。彼は迷惑そうでした。私の目には勝利の色が多少輝いていたでしょう。私の声にはたしかに得意の響きがあったのです。私はしばらくKと一つ火鉢に手をかざしたあと、自分の部屋に帰りました。ほかのことにかけては何をしても彼に及ばなかった私も、そのときだけは恐るるに足りないという自覚を彼に対して持っていたのです。

私はほどなく穏やかな眠りに落ちました。しかし突然私の名を呼ぶ声で目を覚ましました。見ると、間の襖が二尺ばかり開《あ》いて、そこにKの黒い影が立っています。そうして彼の部屋には宵のとおりまだ明かりがついているのです。急に世界の変わった私は、少しの間口をきくこともできずに、ぼうっとし

---

⑧**小石川の宿**　「私」と「K」の下宿。「小石川」は東京都文京区小石川。
⑨**本郷台**　東京都文京区の一部。西は小石川、東は上野に接する一帯の台地。
6「比較的安静」であったのはなぜか。

て、その光景を眺めていました。

　そのときKはもう寝たのかとききました。Kはいつでも遅くまで起きている男でした。私は黒い影法師のようなKに向かって、何か用かとき返しました。Kはたいした用でもない、ただもう寝たか、まだ起きているかと思って、便所へ行ったついでにきいてみただけだと答えました。Kはランプの灯を背中に受けているので、彼の顔色や目つきは、全く私にはわかりませんでした。けれども彼の声は不断よりもかえって落ち着いていたくらいでした。

　Kはやがて開けた襖をぴたりと立て切りました。私の部屋はすぐもとの暗闇に帰りました。私はその暗闇より静かな夢を見るべくまた目を閉じました。私はそれぎり何も知りません。しかし翌朝になって、昨夕《ゆうべ》のことを考えてみると、なんだか不思議でした。私はことによると、すべてが夢ではないかと思いました。それで飯を食うとき、Kにききました。Kはたしかに襖を開けて私の名を呼んだと言います。なぜそんなことをしたのかと尋ねると、別にはっきりした返事もしません。調子の抜けたころになって、ちかごろは熟睡ができるのかとかえって向こうから私に問うのです。私はなんだか変に感じました。

　その日はちょうど同じ時間に講義の始まる時間割りになっていたので、二人はやがていっしょにうちを出ました。今朝から昨夕のことが気にかかっている私は、途中でまたKを追究しました。けれどもKはやはり私を満足させるような答えをしません。私はあの事件について何か話すつもりではなかったのかと念を押してみました。Kはそうではないと強い調子で言い切りました。昨日上野で「その話はもうやめよう。」と言ったではないかと注意するごとくにも聞こえました。Kはそういう点にかけて鋭い自尊心を持った男なのです。ふとそこに気のついた私は突然彼の用いた「覚悟」という言葉を連想し出しました。すると今までまるで気にならなかったその二字が妙な力で私の頭を押さえ始めたのです。

　Kの果断に富んだ性格は私によく知れていました。彼のこの事件についてのみ優柔なわけも私にはちゃんとのみ込めていたのです。つまり私は一般を心得たうえで、例外の場合をしっかり⑩捕《つら》まえたつもりで得意だったのです。ところが「覚悟」という彼の言葉を、頭の中で何べんも咀嚼しているうちに、私の得意はだんだん色を失って、しまいにはぐらぐら動き始めるようになりました。私はこの場合もあるいは彼にとって例外でないのかもしれないと思い出したのです。すべての疑惑、煩悶《はんもん》、懊悩《おうのう》を一度に解決する最後の手段を、彼は胸の中に畳み込んでいるのではなかろうかと疑《うた》ぐり始めたのです。そうした新しい光で覚悟の二字を眺め返してみた私は、はっと驚きました。そのときの私がもしこの驚きをもって、もう一ぺん彼の口にした覚悟の内容を公平に見回したらば、まだよかったかもしれません。私はただKがお嬢さんに対して進んでゆくという意味にその言葉を解釈しました。果断に富んだ彼の性格が、恋の方面に発揮されるのがすなわち彼の覚悟だろうといちずに思い込んでしまったのです。

　私は私にも最後の決断が必要だという声を心の耳で聞きました。私はすぐその声に応じて勇気を振り起こしました。私はKより先に、しかもKの知らない間《ま》に、事を運ばなくてはならないと覚悟を決めました。私は黙って機会をねらっていました。しかし二日たっても三日たっても、私はそれを捕《つら》まえることができません。私はKのいないとき、またお嬢さんの留守な折を待って、奥さんに談判を開こうと考えたのです。しかし片方がいなければ、片方がじゃまをするといったふうの日ばかり続いて、どうしても「今だ。」と思う好都合が出てきてくれないのです。

⑩捕まえた　「つかまえた」に同じ。

私はいらいらしました。

一週間の後私はとうとう堪え切れなくなって仮病をつかいました。奥さんからもお嬢さんからも、K自身からも、起きろという催促を受けた私は、生返事をしただけで、十時ごろまで布団をかぶって寝ていました。私はKもお嬢さんもいなくなって、家の中がひっそり静まったころを見計らって寝床を出ました。私の顔を見た奥さんは、すぐどこが悪いかと尋ねました。食べ物は枕元へ運んでやるから、もっと寝ていたらよかろうと忠告してもくれました。身体に異状のない私は、とても寝る気にはなれません。顔を洗っていつものとおり茶の間で飯を食いました。そのとき奥さんは長火鉢の向こう側から給仕をしてくれたのです。私は朝飯とも昼飯とも片づかない茶《ちゃ》椀《わん》を手に持ったまま、どんなふうに問題を切り出したものだろうかと、そればかりに屈託していたから、外観からは実際気分のよくない病人らしく見えただろうと思います。

私は飯をしまってたばこをふかし出しました。私が立たないので奥さんも火鉢のそばを離れるわけにゆきません。下女を呼んで膳を下げさせたうえ、鉄瓶に水をさしたり、火鉢の縁を拭いたりして、私に調子を合わせています。私は奥さんに特別な用事でもあるのかと問いました。奥さんはいいえと答えましたが、今度は向こうでなぜですときき返してきました。私は実は少し話したいことがあるのだと言いました。奥さんはなんですかと言って、私の顔を見ました。奥さんの調子はまるで私の気分に入り込めないような軽いものでしたから、私は次に出すべき文句も少し渋りました。

私はしかたなしに言葉のうえで、いいかげんにうろつき回った末、Kがちかごろ何か言いはしなかったかと奥さんにきいてみました。奥さんは思いも寄らないというふうをして、「何を？」とまた反問してきました。そうして私の答える前に、「あなたには何かおっしゃったんですか。」とかえって向こうできくのです。

Ｋから聞かされた打ち明け話を、奥さんに伝える気のなかった私は、「いいえ。」と言ってしまったあとで、すぐ自分のうそを快からず感じました。しかたがないから、別段何も頼まれた覚えはないのだから、Ｋに関する用件ではないのだと言い直しました。奥さんは「そうですか。」と言って、あとを待っています。私はどうしても切り出さなければならなくなりました。私は突然「奥さん、お嬢さんを私にください。」と言いました。奥さんは私の予期してかかったほど驚いた様子も見せませんでしたが、それでもしばらく返事ができなかったものとみえて、黙って私の顔を眺めていました。一度言い出した私は、いくら顔を見られても、それに頓着などはしていられません。「ください、ぜひください。」と言いました。「私の妻としてぜひください。」と言いました。奥さんは年をとっているだけに、私よりもずっと落ち着いていました。「あげてもいいが、あんまり急じゃありませんか。」ときくのです。私が「急にもらいたいのだ。」とすぐ答えたら笑い出しました。そうして「よく考えたのですか。」と念を押すのです。私は言い出したのは突然でも、考えたのは突然でないというわけを強い言葉で説明しました。

それからまだ二つ三つの問答がありましたが、私はそれを忘れてしまいました。男のようにはきはきしたところのある奥さんは、普通の女と違ってこんな場合には大変心持ちよく話のできる人でした。

「よござんす、さしあげましょう。」と言いました。

「さしあげるなんていばった口のきける境遇ではありません。どうぞもらってください。ご存じのとおり父親のないあわれな子です。」とあとでは向こうから頼みました。

話は簡単でかつ明瞭に片づいてしまいました。最初からしまいまでにおそらく十五分とはかからなかったでしょう。奥さんはなんの条件も持ち出さなかったのです。親類に相談する必要もない、あとから断ればそれでたくさんだと言いました。本人の意向さえ確かめるに及ばないと明言しました。そんな点になると、学問をした私のほうが、かえって形式に拘泥するくらいに思われたのです。親類はとにかく、当人にはあらかじめ話して承諾を得るのが順序らしいと私が注意したとき、奥さんは「大丈夫です。本人が不承知のところへ、私があの子をやるはずがありませんから。」と言いました。

　自分の部屋へ帰った私は、事のあまりにわけもなく進行したのを考えて、かえって変な気持ちになりました。はたして大丈夫なのだろうかという疑念さえ、どこからか頭の底にはい込んできたくらいです。けれどもだいたいのうえにおいて、私の未来の運命は、これで定められたのだという観念が私のすべてを新たにしました。

　私は昼ごろまた茶の間へ出かけていって、奥さんに、今朝の話をお嬢さんにいつ通じてくれるつもりかと尋ねました。奥さんは、自分さえ承知していれば、いつ話してもかまわなかろうというようなことを言うのです。こうなるとなんだか私よりも相手のほうが男みたようなので、私はそれぎり引き込もうとしました。すると奥さんが私を引き止めて、もし早いほうが希望ならば、今日でもいい、稽古から帰ってきたら、すぐ話そうと言うのです。私はそうしてもらうほうが都合がいいと答えてまた自分の部屋に帰りました。しかし黙って自分の机の前に座って、二人のこそこそ話を遠くから聞いている私を想像してみると、なんだか落ち着いていられないような気もするのです。私はとうとう帽子をかぶって表へ出ました。そうしてまた坂の下でお嬢さんに行き会いました。なんにも知らないお嬢さんは私を見て驚いたらしかったのです。私が帽子をとって「今お帰り。」と尋ねると、向こうではもう病気は治ったのかと不思議そうにきくのです。私は「ええ治りました、治りました。」と答えて、ずんずん水道橋[11]のほうへ曲がってしまいました。

私は⑫猿楽町《さるがくちょう》から神保町《じんぼうちょう》の通りへ出て、小川町のほうへ曲がりました。私がこの界隈《かいわい》を歩くのは、いつも古本屋をひやかすのが目的でしたが、その日は手《て》摺《ずれ》のした書物などを眺める気が、どうしても起こらないのです。私は歩きながらたえずうちのことを考えていました。私にはさっきの奥さんの記憶がありました。それからお嬢さんがうちへ帰ってからの想像がありました。私はつまりこの二つのもので歩かせられていたようなものです。そのうえ私は時々往来の真ん中で我知らずふと立ち止まりました。そうして今ごろは奥さんがお嬢さんにもうあの話をしている時分だろうなどと考えました。またあるときは、もうあの話が済んだころだとも思いました。

私はとうとう⑬万世橋《まんせいばし》を渡って、⑭明神《みょうじん》の坂を上がって、本郷台へ来て、それからまた⑮菊坂《きくざか》を降りて、しまいに小石川の谷へ降りたのです。私の歩いた距離はこの⑯三区にまたがって、いびつな円を描いたともいわれるでしょうが、私はこの長い散歩の間ほとんどKのことを考えなかったのです。今そのときの私を回顧して、なぜだと自分にきいてみてもいっこうわかりません。ただ不思議に思うだけです。私の心がKを忘れ得るくらい、一方に緊張していたとみれ

⑪**水道橋**　東京都文京区と千代田区の境を流れる神田川に架かる橋。
⑫**猿楽町**　東京都千代田区にある町名。以下、神保町・小川町も同じ。
⑬**万世橋**　東京都千代田区にあり、神田川に架かる橋。
⑭**明神の坂**　神田明神南側の坂。
⑮**菊坂**　東京都文京区本郷にある坂。
⑯**三区**　旧市制でいう小石川・神田・本郷の三区。

ばそれまでですが、私の良心がまたそれを許すべきはずはなかったのですから。

　Ｋに対する私の良心が復活したのは、私がうちの格子を開けて、玄関から座敷へ通るとき、すなわち例のごとく彼の部屋を抜けようとした瞬間でした。彼はいつものとおり机に向かって書見をしていました。彼はいつものとおり書物から目を離して、私を見ました。しかし彼はいつものとおり今帰ったのかとは言いませんでした。彼は「病気はもういいのか、医者へでも行ったのか。」とききました。私はその刹那に、彼の前に手をついて、謝りたくなったのです。しかも私の受けたそのときの衝動は決して弱いものではなかったのです。もしＫと私がたった二人曠野《こうや》の真ん中にでも立っていたならば、私はきっと良心の命令に従って、その場で彼に謝罪したろうと思います。しかし奥には人がいます。私の自然はすぐそこでくい止められてしまったのです。そうして悲しいことに永久に復活しなかったのです。

　夕飯のときＫと私はまた顔を合わせました。なんにも知らないＫはただ沈んでいただけで、少しも疑い深い目を私に向けません。なんにも知らない奥さんはいつもよりうれしそうでした。私だけがすべてを知っていたのです。[7]私は鉛のような飯を食いました。そのときお嬢さんはいつものようにみんなと同じ食卓に並びませんでした。奥さんが催促すると、次の部屋でただいまと答えるだけでした。それをＫは不思議そうに聞いていました。しまいにどうしたのかと奥さんに尋ねました。奥さんはおおかたきまりが悪いのだろうと言って、ちょっと私の顔を見ました。Ｋはなお不思議そうに、なんできまりが悪いのかと追究しにかかりました。奥さんは微笑しながらまた私の顔を見るのです。

　私は食卓についた初めから、奥さんの顔つきで、事のなりゆきをほぼ推察していました。しかしＫに説明を与えるために、私のいる前で、それをことごとく話されてはたまらないと考えました。奥さんはまたそのくらいのことを平気でする女なのですから、私はひやひやしたのです。幸いにKはまたもとの沈黙に返りました。平生より多少機嫌のよかった奥さんも、とうとう私の恐れを抱いている点までは話を進めずにしまいました。私はほっと一息して部屋へ帰りました。しかし私がこれから先Kに対してとるべき態度は、どうしたものだろうか、私はそれを考えずにはいられませんでした。私はいろいろの弁護を自分の胸でこしらえてみました。けれどもどの弁護もKに対して面と向かうには足りませんでした。卑怯な私はついに自分で自分をKに説明するのがいやになったのです。

私はそのまま二、三日過ごしました。その二、三日の間Kに対する絶えざる不安が私の胸を重くしていたのは言うまでもありません。私はただでさえなんとかしなければ、彼にすまないと思ったのです。そのうえ奥さんの調子や、お嬢さんの態度が、始終私を突っつくように刺激するのですから、私はなおつらかったのです。どこか男らしい気性を備えた奥さんは、いつ私のことを食卓でKにすっぱ抜かないとも限りません。それ以来ことに目立つように思えた私に対するお嬢さんの挙止動作も、Kの心を曇らす不審の種とならないとは断言できません。私はなんとかして、私とこの家族との間に成り立った新しい関係を、Kに知らせなければならない位置に立ちました。しかし倫理的に弱点を持っていると、自分で自分を認めている私には、それがまた至難のことのように感ぜられたのです。

私はしかたがないから、奥さんに頼んでKに改めてそう言ってもらおうかと考えました。むろん私のいないときにです。しかしありのままを告げられて

7「鉛のような飯を食いました。」とは、どのような気持ちを表しているか。

は、直接と間接の区別があるだけで、面目のないのに変わりはありません。といって、こしらえごとを話してもらおうとすれば、奥さんからその理由を詰問されるに決まっています。もし奥さんにすべての事情を打ち明けて頼むとすれば、私は好んで自分の弱点を自分の愛人とその母親の前にさらけ出さなければなりません。真面目な私には、それが私の未来の信用に関するとしか思われなかったのです。結婚する前から恋人の信用を失うのは、たとい一分一厘でも、私には堪えきれない不幸のように見えました。

　要するに私は正直な道を歩くつもりで、[8]つい足を滑らしたばか者でした。もしくは狡猾《こうかつ》な男でした。そうしてそこに気のついている者は、今のところただ天と私の心だけだったのです。しかし立ち直って、もう一歩前へ踏み出そうとするには、今滑ったことをぜひとも周囲の人に知られなければならない窮境に陥ったのです。私はあくまで滑ったことを隠したがりました。同時に、どうしても前へ出ずにはいられなかったのです。私はこの間に挟まってまた立ちすくみました。

　五、六日たった後、奥さんは突然私に向かって、Kにあのことを話したかときくのです。私はまだ話さないと答えました。するとなぜ話さないのかと、奥さんが私をなじるのです。私はこの問いの前に固くなりました。そのとき奥さんが私を驚かした言葉を、私は今でも忘れずに覚えています。

「道理でわたしが話したら変な顔をしていましたよ。あなたもよくないじゃありませんか、平生あんなに親しくしている間柄だのに、黙って知らん顔をしているのは。」

　私はKがそのとき何か言いはしなかったかと奥さんにききました。奥さんは別段なんにも言わないと答えました。しかし私は進んでもっと細かいことを尋ねずにはいられませんでした。奥さんはもとより何も隠すわけがありません。たいした話もないがと言いながら、いちいちKの様子を語って聞かせてくれました。

　奥さんの言うところを総合して考えてみると、Kはこの最後の打撃を、最も落ち着いた驚きをもって迎えたらしいのです。Kはお嬢さんと私との間に結ばれた新しい関係について、最初はそうですかとただ一口言っただけだったそうです。しかし奥さんが、「あなたも喜んでください。」と述べたとき、彼は初めて奥さんの顔を見て微笑をもらしながら、「おめでとうございます。」と言ったまま席を立ったそうです。そうして茶の間の障子を開ける前に、また奥さんを振り返って、「結婚はいつですか。」ときいたそうです。それから「何かお祝いをあげたいが、私は金がないからあげることができません。」と言ったそうです。奥さんの前に座っていた私は、その話を聞いて胸が塞がるような苦しさを覚えました。

　勘定してみると奥さんがKに話をしてからもう二日余りになります。その間Kは私に対して少しも以前と異なった様子を見せなかったので、私は全くそれに気がつかずにいたのです。彼の超然とした態度はたとい外観だけにもせよ、敬服に値すべきだと私は考えました。彼と私を頭の中で並べてみると、彼のほうがはるかに立派に見えました。「おれは策略❾で勝っても人間としては負けたのだ。」という感じが私の胸に渦巻いて起こりました。私はそのときさぞKが軽蔑していることだろうと思って、一人で顔を赤らめました。しかし今さらKの前に出て、恥をかかせられるのは、私の自尊心にとって大いな苦痛でした。

　私が進もうかよそうかと考えて、ともかくも明く

❽「つい足を滑らした」とは、どのようなことか。

❾「策略で勝っても人間としては負けた」と感じたのはなぜか。

る日まで待とうと決心したのは土曜の晩でした。ところがその晩に、Kは自殺して死んでしまったのです。私は今でもその光景を思い出すとぞっとします。いつも東枕で寝る私が、その晩に限って、偶然西枕に床を敷いたのも、何かの因縁かもしれません。私は枕元から吹き込む寒い風でふと目を覚ましたのです。見ると、いつも立て切ってあるKと私の部屋との仕切りの襖が、この間の晩と同じくらい開《あ》いています。けれどもこの間のように、Kの黒い姿はそこには立っていません。私は暗示を受けた人のように、床の上に肘をついて起き上がりながら、きっとKの部屋をのぞきました。ランプが暗くともっているのです。それで床も敷いてあるのです。しかし掛け布団ははね返されたように裾のほうに重なり合っているのです。そうしてK自身は向こう向きに突っ伏しているのです。

　私はおいと言って声をかけました。しかしなんの答えもありません。おいどうかしたのかと私はまたKを呼びました。それでもKの身体はちっとも動きません。私はすぐ起き上がって、敷居際まで行きました。そこから彼の部屋の様子を、暗いランプの光で見回してみました。

　そのとき私の受けた第一の感じは、Kから突然恋の自白を聞かされたときのそれとほぼ同じでした。私の目は彼の部屋の中を一目見るやいなや、あたかもガラスで作った義眼のように、動く能力を失いました。私は棒立ちに立ちすくみました。それが疾風のごとく私を通過したあとで、私はまたああしまったと思いました。[10]もう取り返しがつかないという黒い光が、私の未来を貫いて、一瞬間に私の前に横たわる全生涯をものすごく照らしました。そうして私はがたがた震え出したのです。

　それでも私はついに私を忘れることができませんでした。私はすぐ机の上に置いてある手紙に目をつけました。[11]それは予期どおり私の名宛になっていました。私は夢中で封を切りました。しかし中には私の[11]予期したようなことはなんにも書いてありませんでした。私は私にとってどんなにつらい文句がその中に書き連ねてあるだろうと予期したのです。そうして、もしそれが奥さんやお嬢さんの目に触れたら、どんなに軽蔑されるかもしれないという恐怖があったのです。私はちょっと目を通しただけで、まず助かったと思いました。（もとより世間体の上だけで助かったのですが、その世間体がこの場合、私にとっては非常な重大事件に見えたのです。）

　手紙の内容は簡単でした。そうしてむしろ抽象的でした。自分は薄志弱行でとうてい行く先の望みがないから、自殺するというだけなのです。それから今まで私に世話になった礼が、ごくあっさりした文句でそのあとにつけ加えてありました。世話ついでに死後の片づけ方も頼みたいという言葉もありました。奥さんに迷惑をかけてすまんからよろしくわびをしてくれという句もありました。国元へは私から知らせてもらいたいという依頼もありました。必要なことはみんな一口ずつ書いてある中にお嬢さんの名前だけはどこにも見えません。私はしまいまで読んで、すぐKがわざと回避したのだということに気がつきました。しかし私の最も痛切に感じたのは、最後に墨の余りで書き添えたらしく見える、もっと早く死ぬべきだのになぜ今まで生きていたのだろうという意味の文句でした。

　私は震える手で、手紙を巻き収めて、再び封の中へ入れました。私はわざとそれをみんなの目につくように、元のとおり机の上に置きました。そうして振り返って、襖にほとばしっている血潮を初めて見たのです。

[10]「もう取り返しがつかない……ものすごく照らしました。」とは、どのような心の状態か。
[11]「私」の「予期」とは、どのようなものか。

【その後のあらすじ】

私はKの頭を持ち上げて、死に顔を一目見ようとしたが、彼の頭が非常に重たく感じられて、すぐ手を放してしまった。そして、ただ運命の恐ろしさにおののくばかりだった。朝になって奥さんにKの自殺を告げた直後、私は奥さんの前に手をついて謝った。すべてを明かしたい衝動にかられたからだったのだが、奥さんはその振る舞いの意味を解さなかった。私はKの父と兄に、Kが好きだった雑司ヶ谷の墓地に葬ることを提案して、そのように計らい、月々私の懺悔《ざんげ》を新たにしようとした。

奥さん、お嬢さんとともに、伝通院の家を引き払って今の家に移ってから、私は大学を卒業し、さらに半年後結婚をすることとなった。私の妻となった彼女の提案で、一度は二人でKの墓参りを果たした私であったが、「運命の冷罵」に襲われた私は、それ以後、決していっしょに雑司ヶ谷には行かないことにした。Kの死を忘れることのできない私の心の不安は、書物によっても酒によっても紛らすことができなかった。私の心に巣食う秘密の所在に妻は苦しむが、彼女の記憶に暗黒な一点を印するに忍びない私は、ついに打ち明けなかった。

自分への不信はいよいよ深くなり、どこからも切り離された寂寞《せきばく》感に沈む中で、私はふとKの自殺もまた、この寂しさゆえだったのではないかと思いつき、Kの道を自分もたどりつつあると思った。妻の母が病死したころから、私は自分の胸の底に、生まれたときから潜んでいる「人間の罪」というものを深く感じ、死の道だけしか開かれていない未来を思った。私はこうして長く苦しい年月を経る中で、「あなた」（「上」「中」での「私」にあたる）に会ったのだった。

夏の暑い盛りに明治天皇の崩御があり、「生き残っているのは畢竟《ひっきょう》時勢遅れだという感じ」に胸打たれた私は、乃木将軍殉死の報が到来した二、三日後、自殺を心に決めたのである。

夏目漱石 一八六七年（慶応三）―一九一六年（大正五）。小説家・英文学者。東京都生まれ。本名は金之助《きんのすけ》。一九〇五年（明治三八）発表の『吾輩《わがはい》は猫である』が好評であったため、続いて『坊《ぼ》っちゃん』などを書き、作家としての地位を築いた。作品に『三四郎』『それから』『門』の三部作、『明暗』などがある。本文は『漱石全集　第六巻』によった。

学習の手引き

一 「お嬢さん」をめぐって、「私」の「K」に対する心情はどのように変化していくか。以下の場面ごとにそれぞれ説明しよう。

1 「お嬢さんに対する切ない恋」（八六・下14）を「K」が打ち明けたとき。

2 散歩の途中で「私」が「K」に対して「精神的に向上心のない者はばかだ。」（九五・上4）と言ったとき。

3 「五、六日たった後」（一〇八・下3）

二 「K」と「私」のそれぞれの性格はどのように描かれているか。本文を指摘しながらまとめてみよう。

活動の手引き

一 「奥さん」が「K」に「私」と「お嬢さん」の婚約を話した場面を、想像を交えて「K」の視点から書き換えてみよう。書いたものを互いに読み合い、批評しよう。

言葉の手引き

一 次のかたかなを、訓読みの語は送り仮名もふくめて、漢字に改めよう。

1 セツナテキな生き方。

2 胸がフサガル。

二 次の語句の意味を調べ、短文を作ってみよう。

1 他流試合（九四・下5）

2 虚につけ込む（九四・下17）

3 居直り強盗（九六・下4）

4 果断に富む（一〇一・上2）

三 次の比喩が表すイメージを説明してみよう。

1 石か鉄のように頭から足の先までが急に固くなったのです。（八九・上3）

2 あたかもガラスで作った義眼のように、動く能力を失いました。（一一〇・下7）

舞姫

森《もり》　鷗外《おうがい》

石炭をばはや積み果てつ。中等室の卓《つくゑ》のほとりはいと静かにて、*熾熱灯《しねつとう》の光の晴れがましきもいたづらなり。今宵《こよひ》は夜ごとにここに集ひ来る骨牌《カルタ》①仲間もホテルに宿りて、船に残れるは余一人のみなれば。五年《いつとせ》前のことなりしが、平生《ひごろ》の望み足りて、*洋行の官命をかうむり、このセイゴン②の港まで来《こ》しころは、目に見るもの、耳に聞くもの、一つとして新たならぬはなく、*筆に任せて書き記しつる紀行文日ごとに幾千言をかなしけん、当時の新聞に載せられて、世の人にもてはやされしかど、今日になりて思へば、幼き思想、身のほど知らぬ放言、*さらぬも尋常《よのつね》の動植金石、さては風俗などをさへ珍しげに記ししを、心ある人はいかにか見けん。*こたびは途に上りしとき、日記《にき》ものせんとて買ひし冊子もまだ白紙のままなるは、独逸《ドイツ》にてもの学びせし間《ま》に、*一種のニル‐アドミラリイ③の気象をや養ひ得たりけ

＊熾熱灯の……いたづらなり　白熱電灯の光が晴れがましいのもむなしい感じである。

＊洋行の官命をかうむり　西洋に渡航せよとの公の命を受け。

＊筆に……なしけん　筆の運ぶままに書き記した紀行文は、毎日毎日どれほど多くの言葉を連ねたものとなっただろうか。

＊さらぬも……見けん　そうでないまでも、ごく普通の動物・植物・鉱物などや、そのうえ風俗などまで珍しいことのように記したのを、良識ある人はどう思ったろうか。

＊こたびは……ままなるは　このたびは出発したとき、旅日記をつけようと思って買ったノートもまだ白紙のままなのは。

学習のねらい

文体や表現の特徴を意識しながら読み、豊太郎によって語られる内容を多角的に解釈する。

ん、あらず、これには別に❶故あり。

げに東《ひんがし》に帰る今の我は、西に航せし昔の我ならず、*学問こそなほ心に飽き足らぬところも多かれ、浮き世の憂きふしをも知りたり、人の心の頼みがたきは言ふもさらなり、我と我が心さへ変はりやすきをも悟り得たり。*昨日の是は今日の非なる我が瞬間の感触を、筆に写して誰《たれ》にか見せん。これや日記の成らぬ縁故なる、あらず、これには別に❶故あり。

ああ、ブリンヂイシイ④の港を出《い》でてより、はや二十日余りを経ぬ。世の常ならば生面⑤《せいめん》の客にさへ交はりを結びて、旅の憂さを慰め合ふが航海の習ひなるに、微恙⑥《びやう》にことよせて房《へや》の内にのみ籠りて、同行の人々にも物言ふことの少なきは、人知らぬ恨みに頭《かしら》のみ悩ましたればなり。この恨みは初め一抹の雲のごとく我が心をかすめて、瑞西《スイス》の山色をも見せず、伊太利《イタリア》の

＊一種の……故あり　ニル-アドミラリイとでも言うべき気質を育ててしまったからであろうか、いや、そうではない、これには別にわけがある。

＊学問こそ……悟り得たり　学問については相変わらず満足のいかないところが多いけれども、この世のつらさ苦しさも知り、人の心のあてにならないのは言うまでもなく、自分自身とその心さえ変わりやすいものだということをも悟り得たのである。

＊昨日の……見せん　昨日はよいと認めたことを今日は認めないような私の瞬時に変わる感覚を、書き留めていったい誰に見せようか。

①**骨牌**　トランプ。
②**セイゴン**　旧サイゴン市。今のベトナム社会主義共和国のホーチミン市。
③**ニル-アドミラリイ**　何事にも無感動なこと。ラテン語。
❶「別に故あり。」とあるが、その「故」とは何か。
④**ブリンヂイシイ**　イタリアの港市。
⑤**生面**　初対面。
⑥**微恙**　ちょっとした病気。

古跡にも心をとどめさせず、中ごろは世を厭《いと》ひ、身をはかなみて、*⑦腸《はらわた》日ごとに九回すともいふべき惨痛を我に負はせ、今は心の奥に凝り固まりて、一点の影とのみなりたれど、文《ふみ》読むごとに、物見るごとに、鏡に映る影、声に応ずる響きのごとく、限りなき懐旧の情を呼び起こして、幾たびとなく我が心を苦しむ。*ああ、いかにしてかこの恨みを銷《せう》せん。*もしほかの恨みなりせば、詩に詠じ歌によめる後は心地すがすがしくもなりなん。これのみはあまりに深く我が心に彫《ゑ》りつけられたれば**2**さはあらじと思へど、今宵はあたりに人もなし、*房奴《ばうど》の来て電気線の鍵をひねるにはなほほどもあるべければ、いで、その概略《あらまし》を文につづりてみん。

*余は幼きころより厳しき庭の訓《をしへ》を受けし甲斐《かひ》に、父をば早く失ひつれど、学問の荒《すさ》み衰ふることなく、⑧旧藩の学館にありし日も、東京に出でて⑨予備黌《よびくわう》に通ひしときも、大学法学部に入りし後も、*太田豊太郎《おほたとよたらう》といふ名はいつも一級の首《はじめ》に記されたりしに、一人子の我を力になして世を渡る母の心は慰みけらし。十九の歳《とし》には学士の称を受けて、大学の立ちてよりそのころまでにまたなき名誉なりと人にも言はれ、某《なにがし》省に出仕して、故郷なる母を都に呼び迎へ、楽しき年を送ること三年《みとせ》ばかり、*官長の覚え殊なりし

***腸……負はせ**　はらわたが一日に九回転するほどの激しい苦しみを私に負わせ。

***ああ……銷せん**　ああ、どのようにしてこの悔恨の思いを消し鎮めたらよいのか。

***もし……なりなん**　もしほかの悔恨の思いであったならば、詩を作ったり歌を詠んだりした後は、気持ちがすっきりもするであろう。

***房奴の……つづりてみん**　ボーイが来て電灯のスイッチを切るのにはまだ時間があるだろうから、では、その概略を文章につづってみよう。

***余は……甲斐に**　私は幼いときから厳格な家庭教育を受けたおかげで。

***太田豊太郎と……慰みけらし**　太田豊太郎という名はいつも首席として記されていたので、一人っ子の私のことを頼りにして世間を渡る母の心は慰められたであろう。

***官長の覚え殊なりしかば**　官長の信任が格別であったので。

かば、洋行して一課の事務を取り調べよとの命を受け、我が名を成さんも、我が家を興さんも、今ぞと思ふ心の勇み立ちて、五十を越えし母に別るるをもさまで悲しとは思はず、はるばると家を離れてベルリンの都に来ぬ。

余は*模糊《もこ》たる功名の念と、検束に慣れたる勉強力とを持ちて、たちまちこの欧羅巴《ヨオロッパ》の新大都の中央に立てり。*なんらの光彩ぞ、我が目を射んとするは。なんらの色沢ぞ、我が心を迷はさんとするは。菩提樹下《ぼだいじゅか》と訳するときは、*幽静なる境なるべく思はるれど、この⑩大道髪のごとき⑪ウンテル-デン-リンデンに来て両辺なる石畳の人道を行く隊々《くみぐみ》の士女を見よ。*胸張り肩そびえたる士官の、まだ⑫維廉《ウイルヘルム》一世の街に臨める窓に寄りたまふころなりければ、さまざまの色に飾りなしたる礼装をなしたる、顔よき少女《をとめ》の巴里《パリ》まねびの粧《よそほ》ひしたる、かれもこれも目を驚かさぬはなきに、車道の土瀝青《アスファルト》の

*模糊たる……持ちて　漠然とした功名心と、自己を律することに慣れた強い向学心とを持って。

*なんらの……するは　なんの光り輝きだろうか、私の目に差し込んでくるのは。なんの色艶であろうか、私の心を迷わそうとするのは。

*幽静なる境なるべく思はるれど　奥深く、もの静かな所であろうと思われるけれども。

*胸張り……なきに　胸を張り肩を怒らせた士官たちで、まだウィルヘルム一世が街路に面した窓辺にお立ちになる時代だったので、さまざまな色に飾り立てた礼服を身につけた者や、美しい少女たちで、パリ風のおしゃれをしている者など、あれもこれも目を見張らせないものはないうえに。

⑦**腸日ごとに九回す**　司馬遷《しばせん》の『報《ズル》㆓任安《ニ》㆒書』に「腸一日《ニ》而九廻《くわいス》。」とある。

2「さ」は何をさすか。

⑧**旧藩の学館**　江戸時代に子弟の教育のために藩主が設けた学校。

⑨**予備黌**　東京大学予備門。

⑩**大道髪のごとき**　大道の真っすぐなことの形容。儲光義《ちょこうぎ》の『洛陽道《らくようどう》』に「大道直《キコト》如《ごとシ》㆑髪《ノ》。」とある。

⑪**ウンテル-デン-リンデン**　Unter den Linden　ベルリンの中心街。訳すと「菩提樹の下」。

⑫**維廉一世**　Wilhelm I（一七九七―一八八八）。プロシア王。のちドイツ皇帝となる。

上を音もせで走るいろいろの馬車、雲にそびゆる楼閣の少しとぎれたる所には、晴れたる空に夕立の音を聞かせてみなぎり落つる噴井《ふんせい》の水、遠く望めば⑬ブランデンブルク門を隔てて緑樹枝をさし交はしたる中より、半天に浮かび出でたる⑭凱旋塔《がいせんたふ》の神女の像、*このあまたの景物目睫《もくせふ》の間《かん》に集まりたれば、初めてここに来し者の応接にいとまなきもうべなり。されど我が胸にはたとひいかなる境に遊びても、*あだなる美観に心をば動かさじの誓ひありて、常に我を襲ふ外物を遮りとどめたりき。

*余が鈴索《すずなは》を引き鳴らして謁を通じ、公《おほやけ》の紹介状を出だして東来の意を告げし⑮普魯西《プロシア》の官員は、みな快く余を迎へ、*公使館よりの手続きだに事なく済みたらましかば、何事にもあれ、教へもし伝へもせんと約しき。喜ばしきは、我がふるさとにて、独逸《ドイツ》、仏蘭西《フランス》の語を学びしことなり。彼らは初めて余を見しとき、*いづくにていつの間にかくは学び得つると問はぬことなかりき。

さて官事のいとまあるごとに、かねて公の許しをば得たりければ、ところの大学に入りて政治学を修めんと、名を簿冊に記させつ。

ひと月ふた月と過ぐすほどに、公の打ち合はせも済みて、取り調べもし

＊この……うべなり　このたくさんの見るべきものが、ごく狭い区域に集中していたので、初めてここに来た者がそれらの見学に追われるのも、もっともなことである。

＊あだなる……とどめたりき　無駄な美しさに決して心を動かすまいという誓いを立てているので、いつも自分を誘惑する刺激を防ぎとどめたのであった。

＊余が……通じ　私が呼び鈴を引き鳴らして、面会を求め。

＊公使館よりの……済みたらましかば　公使館からの手続きさえ無事に済んだならば。

＊いづくにて……なかりき　いったいどこで、いつ、このように習熟したのかと問わぬことがなかった。

だいにはかどりゆけば、急ぐことをば報告書に作りて送り、さらぬをば写しとどめて、つひには幾巻《いくまき》をかなしけん。大学のかたにては、*幼き心に思ひ計りしがごとく、政治家になるべき特科のあるべうもあらず、これかかれかと心迷ひながらも、二、三の⑯法家《はふか》の講筵《かうえん》に連なることに思ひ定めて、謝金を収め、行きて聴きつ。

かくて三年《みとせ》ばかりは夢のごとくにたちしが、*時来たれば包みても包み難きは人の好尚なるらん、余は父の遺言を守り、母の教へに従ひ、人の神童なりなど褒むるがうれしさに怠らず学びしときより、官長のよき働き手を得たりと励ますが喜ばしさにたゆみなく勤めしときまで、ただ⑰所動的、器械的の人物になりて自ら悟らざりしが、今二十五歳になりて、*すでに久しくこの自由なる大学の風に当たりたればにや、心のうちなにとなく穏やかならず、奥深く潜みたりしまことの我は、やうやう表に現れて、**3**昨日までの我ならぬ我を攻むるに似たり。余は我が身の今の世に雄飛すべき政治家

***幼き……あらず**　幼稚な頭で思い描いていたような、政治家になるための特別な学科などあるはずもなく。

***時来たれば……好尚なるらん**　時が来れば、隠しても隠し切れないのは、人の好みであるらしい。

***すでに……当たりたればにや**　もうずいぶん長くこの自由な大学の雰囲気の中にいたからであろうか。

⑬**ブランデンブルク門**　Brandenburger Tor　ウンテル-デン-リンデンの西端にある門。
⑭**凱旋塔**　ブランデンブルク門の北西にある戦勝記念塔。　⑮**普魯西**　Prussia　ここでは、ドイツ帝国全体。
⑯**法家の講筵に連なる**　法律学者の講義を聴くこと。　⑰**所動的**　「受動的」に同じ。

3「昨日までの我ならぬ我」とは、どういうものか。

になるにもよろしからず、またよく法典をそらんじて獄を断ずる法律家になるにもふさはしからざるを悟りたりと思ひぬ。*余はひそかに思ふやう、我が母は余を生きたる辞書となさんとし、我が官長は余を生きたる法律となさんとやしけん。辞書たらんはなほ堪ふべけれど、法律たらんは忍ぶべからず。今までは瑣々《ささ》たる問題にも、きはめて丁寧にいらへしつる余が、このころより官長に寄する書《ふみ》にはしきりに法制の細目にかかづらふべきにあらぬを論じて、*ひとたび法の精神をだに得たらんには、紛々たる万事は破竹のごとくなるべしなどと広言しつ。また大学にては法科の講筵をよそにして、歴史、文学に心を寄せ、*やうやく⑱蔗《しよ》をかむ境に入りぬ。

*官長はもと心のままに用ゐるべき器械をこそ作らんとしたりけめ。独立の思想を抱きて、*人並みならぬ面《おも》もちしたる男をいかでか喜ぶべき。危ふきは余が当時の地位なりけり。されどこれのみにては、なほ我が地位を覆すに足らざりけんを、日ごろ伯林《ベルリン》の留学生のうちにて、ある勢力ある一群れと余との間に、おもしろからぬ関係ありて、かの人々は余を猜疑《さいぎ》し、またつひに余を⑲讒誣《ざんぶ》するに至りぬ。*されどこれとてもその故なくてやは。

かの人々は余がともに麦酒《ビイル》の杯をもあげず、球突きの⑳棒《キユウ》をも取らぬを、

*余はひそかに……なさんとやしけん　私が心の中で思うには、我が母は私を生きた辞書にしようとし、我が官長は私を生きた法律にしようとしたのであろうか。

*ひとたび……広言しつ　いったん法律の何たるかさえ会得したならば、入り乱れたあらゆることは、竹を割ったように簡単に解決できるはずであるなどと大きなことを言った。

*やうやく蔗をかむ境に入りぬ　しだいにおもしろみがわかる境地に至った。

*官長は……したりけめ　官長は初めから、自分の思いのままに利用できる器械を作ろうとしたのだろう。

*人並みならぬ……喜ぶべき　一般の人と違った生意気そうな顔つきをした男をどうして喜ぶはずがあるだろうか。

*されどこれとてもその故なくてやは　しかし、これだって理由なくてそのようにするだろうか、いや、そういうわけではない。

かたくなる心と欲を制する力とに帰して、且つは嘲り且つは嫉《ねた》みたりけん。されど、こは余を知らねばなり。ああ、この故よしは、我が身だに知らざりしを、いかでか人に知らるべき。我が心はかの㉑合歓《ねむ》といふ木の葉に似て、物触《さや》れば縮みて避けんとす。我が心は処女に似たり。余が幼きころより長者の教へを守りて、学びの道をたどりしも、仕への道を歩みしも、みな勇気ありてよくしたるにあらず、耐忍勉強の力と見えしも、みな自ら欺き、人をさへ欺きつるにて、人のたどらせたる道を、ただ一筋にたどりしのみ。よそに心の乱れざりしは、外物を捨てて顧みぬほどの勇気ありしにあらず、ただ外物に恐れて自ら我が手足を縛せしのみ。故郷を立ち出づる前にも、我が有為の人物なることを疑はず、また我が心のよく耐へんことをも深く信じたりき。ああ、彼も一時。船の横浜を離るるまでは、あつぱれ豪傑と思ひし身も、せきあへぬ涙に手巾《しゅきん》をぬらしつるを我ながら怪しと思ひしが、これぞなかなかに我が本性なりける。この心は生まれながら

*ああ……知るべき　ああ、この理由は、自分自身ですらわからなかったものを、どうして他人に理解できようか。

*長者の……歩みしも　年長者の教えを守って、学問の道をたどったのも、役所勤めの道を歩んだのも。

*せきあへぬ……本性なりける　こらえ切れぬ涙にハンカチをぬらしたのを自分でもおかしいと思ったが、これこそかえって自分の本性なのであった。

*この心は……生じけん　この心は生まれつきのものだったのであろうか、または、早く父を失って母の手で育てられたことによって生じたのであろうか。

⑱**蔗をかむ境**　『晋書《しんじょ》』に「顧愷之《こがいし》、毎《ごとニ》食《ラフ》二甘蔗《かんしょヲ》一、常自《よリ》レ尾至《ル》レ本《もとニ》。人或《あるイハ》怪《シムこれヲ》レ之。愷之曰《いハク》、漸《やうやク》入《ルト》二佳境《ニ》一。」とある。

⑲**讒誣する**　事実を曲げて、他人を悪く言う。

⑳**棒**　玉突きで玉を突くための棒。　㉑**合歓**　マメ科の落葉高木。

4「我が本性」とは、どういうものか。

にやありけん、また早く父を失ひて母の手に育てられしによりてや生じけん。

＊かの人々の嘲るはさることなり。＊されど嫉むは愚かならずや。この弱くふびんなる心を。

赤く白く面《おもて》を塗りて、[22]赫然《かくぜん》たる色の衣《きぬ》をまとひ、珈琲《カツフエ》店に座して客を引く女《をみな》を見ては、行きてこれに就かん勇気なく、高き帽をいただき、眼鏡に鼻を挟ませて、普魯西《プロシア》にては貴族めきたる鼻音にて物言ふ[23]レエベマンを見ては、行きてこれと遊ばん勇気なし。これらの勇気なければ、＊かの活発なる同郷の人々と交はらんやうもなし。この交際の疎きがために、かの人々はただ余を嘲り、余を嫉むのみならで、また余を猜疑することとなりぬ。＊これぞ余が冤罪《ゑんざい》を身に負ひて、暫時の間に無量の艱難《かんなん》を閲《けみ》し尽くすなかだちなりける。

ある日の夕暮れなりしが、余は[24]獣苑《じうゑん》を漫歩して、ウンテル‐デン‐リンデンを過ぎ、我が[25]モンビシユウ街の僑居《けうきよ》に帰らんと、[26]クロステル巷《かう》の古寺の前に来ぬ。余はかの灯火《ともしび》の海を渡り来て、この狭く薄暗き巷《こうぢ》に入り、楼上の木欄《おばしま》に干したる敷布、襦袢《はだぎ》などまだ取り入れぬ人家、頰髭《ほほひげ》長き[27]猶太《ユダヤ》教徒

＊かの人々の嘲るはさることなり　あの人たちが嘲笑するのはもっともなことである。

＊されど嫉むは愚かならずや　しかし、ねたむのは愚かではないだろうか。

＊かの活発なる……やうもなし　あの活動的な同郷人たちと交際するとしてもその方法もない。

＊これぞ……なかだちなりける　これこそ私が無実の罪を受けて、わずかな時間に計り知れない苦労を味わい尽くす仲立ちであった。

の翁《おきな》が戸前にたたずみたる居酒屋、一つの梯《はしご》は直ちに楼《たかどの》に達し、他の梯は穴蔵住まひの鍛冶《かぢ》が家《や》に通じたる貸家などに向かひて、凹字の形に引き込みて建てられたる、この三百年前の遺跡を望むごとに、心の恍惚《くわうこつ》となりてしばしたたずみしこと幾たびなるを知らず。

今この所を過ぎんとするとき、閉ざしたる寺門の扉に寄りて、声を呑《の》みつつ泣く一人の少女《をとめ》あるを見たり。年は十六、七なるべし。かむりし巾《きれ》を洩《も》れたる髪の色は、薄きこがね色にて、着たる衣《きぬ》は垢《あか》つき汚れたりとも見えず。我が足音に驚かされて顧みたる面《おもて》、余に詩人の筆なければこれを写すべくもあらず。*この青く清らにて物問ひたげに愁ひを含める目《まみ》の、半ば露を宿せる長き睫毛《まつげ》に覆はれたるは、何故に一顧したるのみにて、用心深き我が心の底までは徹したるか。

*彼ははからぬ深き嘆きに遭ひて、前後を顧みるいとまなく、ここに立ちて泣くにや。我が臆病なる心は憐憫《れんびん》の情に打ち勝たれて、余は覚えずそば

***この青く……徹したるか**　この青く清らかでもの言いたそうに愁いをたたえた目、半ば涙にぬれ長いまつげに覆われたその目は、どうしてほんの一目見ただけで、用心深い私の心の底まで貫き通ってきたのか。

***彼は……泣くにや**　彼女は思いがけない深い嘆きに出くわして、後先を顧みる余裕もなく、ここに立って泣いているのであろうか。

㉒**赫然**　輝くさま。　㉓**レエベマン**　道楽者。ドイツ語。
㉔**獣苑**　ティヤーガルテン(Tiergarten)。ブランデンブルク門に隣接する大公園で、中に動物園がある。
㉕**モンビシユウ街**　Monbijou Strasse　㉖**クロステル巷**　Kloster Strasse
㉗**猶太教**　唯一神ヤハウェを信じ、モーゼの律法を奉ずる宗教。

に寄り、「何故に泣きたまふか。*ところに係累なき外人《よそびと》は、かへりて力を貸しやすきこともあらん。」と言ひ掛けたるが、我ながら我が大胆なるにあきれたり。

*彼は驚きて我が黄なる面をうち守りしが、我が真率なる心や色に現れたりけん、「君は善き人なりと見ゆ。彼のごとくむごくはあらじ。また我が母のごとく。」しばし涸《か》れたる涙の泉はまたあふれて愛らしき頰を流れ落つ。

「我を救ひたまへ、君。我が恥なき人とならんを。母は我が彼❺の言葉に従はねばとて、我を打ちき。父は死にたり。*明日は葬らではかなはぬに、家に一銭の貯《たくは》へだになし。」

あとは㉘欷歔《ききよ》の声のみ。我が眼《まなこ》はこのうつむきたる少女の震ふ項《うなじ》にのみ注がれたり。

「*君が家《や》に送り行かんに、まづ心を鎮めたまへ。*声をな人に聞かせたまひそ。ここは往来なるに。」彼は物語するうちに、覚えず我が肩に寄りしが、このときふと頭《かしら》をもたげ、また初めて我を見たるがごとく、恥ぢて我がそばを飛びのきつ。

人の見るが厭はしさに、早足に行く少女の後につきて、寺の筋向かひな

*ところに……こともあらん　この土地に人のつながりの何もない私のような外国人は、かえって力を貸しやすいこともあるだろう。

*彼は……現れたりけん　彼女はびっくりして私の黄色い肌の顔をじっと見つめたが、私の真面目な気持ちが表情に現れていたのであろうか。

*明日は葬らではかなはぬに　明日は葬式を出さなくてはならないのに。

*君が家に送り行かんに　あなたの家に送っていってあげるから。

*声をな人に聞かせたまひそ　泣き声を人に聞かせなさいますな。

る大戸を入れば、欠け損じたる石の梯あり。これを上りて、四階目に腰を折りてくぐるべきほどの戸あり。少女は錆《さ》びたる針金の先をねぢ曲げたるに、手を掛けて強く引きしに、中にはしはがれたる老媼《おうな》の声して、「誰《た》ぞ。」と問ふ。エリス帰りぬと答ふる間もなく、戸をあららかに引き開けしは、半ば白みたる髪、悪《あ》しき相にはあらねど、貧苦の跡を額《ぬか》に印《しる》せし面の老媼にて、古き獣綿㉙の衣《ころも》を着、汚れたる上靴を履きたり。エリスの余に会釈して入るを、彼は待ちかねしごとく、*戸を激しくたて切りつ。

余はしばし茫然《ばうぜん》として立ちたりしが、ふと油燈《ランプ》の光に透かして戸を見れば、エルンスト=ワイゲルトと漆もて書き、下に仕立物師と注したり。*これ過ぎぬといふ少女が父の名なるべし。内には言ひ争ふごとき声聞こえしが、また静かになりて戸は再び開《あ》きぬ。先の老媼は慇懃《いんぎん》におのが無礼の振る舞ひせしを詫《わ》びて、余を迎へ入れつ。戸の内は厨《くりや》にて、右手《めて》の低き窓に、真白に洗ひたる麻布を掛けたり。左手《ゆんで》には粗末に積み上げたる煉瓦《れんぐわ》のかまどあり。正面の一室の戸は半ば開きたるが、内には白布を覆へる臥床《ふしど》あり。

***戸を激しくたて切りつ**　戸を荒々しく閉め切った。

***これ……名なるべし**　これは死んだという少女の父の名なのであろう。

5「彼」とは誰か。

㉘欷歔　すすり泣き。　**㉙獣綿**　羊毛の毛織物。

伏したるは亡き人なるべし。かまどのそばなる戸を開きて余を導きつ。この所はいはゆるマンサルド㉚の街に面したる一間《ひとま》なれば、天井もなし。隅の屋根裏より窓に向かひて斜めに下がれる梁《はり》を、紙にて張りたる下の、立たば頭のつかふべき所に臥床あり。中央なる机には美しき氈《かも》㉛を掛けて、上には書物一、二巻と写真帳とを並べ、陶瓶《たうへい》にはここに似合はしからぬ価《あたひ》高き花束を生けたり。そが傍らに少女は羞《はぢ》を帯びて立てり。

彼は優れて美なり。乳《ち》のごとき色の顔は灯火《ともしび》に映じて微紅《うすくれなゐ》を潮《さ》したり。手足のか細くたをやかなるは、貧家の女《をみな》に似ず。老媼の室《へや》を出でし後にて、少女は少しなまりたる言葉にて言ふ。「許したまへ。君をここまで導きし心なさを。君は善き人なるべし。*我をばよも憎みたまはじ。明日に迫るは父の葬り、頼みに思ひしシヤウムベルヒ、*君は彼を知らでやおはさん。彼は㉜ビクトリア座の座頭《ざがしら》なり。*彼が抱へとなりしより、はや二年《ふたとせ》なれば、事なく我らを助けんと思ひしに、人の憂ひにつけ込みて、身勝手なる言ひかけせんとは。我を救ひたまへ、君。*金をば薄き給金を割きて返しまゐらせん。よしや我が身は食《くら》はずとも。*それもならずば母の言葉に。」彼は涙ぐみて身を震はせたり。その見上げたる目《まみ》には、人に否とは言はせぬ媚態《びたい》あり。*こ

＊我をばよも憎みたまはじ　私をまさか憎みなさらないでしょう。
＊君は彼を知らでやおはさん　あなたは彼をご存じないでしょうね。
＊彼が……言ひかけせんとは　彼の一座に入ってからもう二年になるので、たやすく私たちを助けるだろうと思ったけれど、人の不幸につけ込んで自分勝手な要求をするなんて。
＊金をば……食はずとも　お金は少ない給料を割いてお返し申し上げましょう。たとえ私は食事をしなくても。
＊それもならずば母の言葉に　それもできなければ母の言葉に（従うしかありません）。
＊この目の……知らぬにや　この目づかいは、知っていてするのであろうか、または、自分では知らずにしているのであろうか。

の目のはたらきは知りてするにや、また自らは知らぬにや。

我が隠しには二、三㉝マルクの銀貨あれど、それにて足るべくもあらねば、余は時計をはづして机の上に置きぬ。「これにて一時の急をしのぎたまへ。質屋の使ひのモンビシユウ街三番地にて太田と尋ね来ん折には価を取らすべきに。」

少女は驚き感ぜしさま見えて、余が辞別《わかれ》のために出だしたる手を唇に当てたるが、はらはらと落つる熱き涙を我が手の背《そびら》に注ぎつ。

ああ、なんらの悪因ぞ。❻ *この恩を謝せんとて、自らわが僑居《けうきよ》に来し少女は、㉞シヨオペンハウエルを右にし、㉟シルレルを左にして、終日《ひねもす》兀坐《こつざ》する我が読書の窓下に、一輪の名花を咲かせてけり。このときを初めとして、*余と少女との交はりやうやくしげくなりもてゆきて、同郷人にさへ知られぬ

＊この恩を……咲かせてけり　このことの礼を言おうとして、自ら私の下宿に来た少女は、ショーペンハウエルやシルレルの本に囲まれて、一日中じっと座って読書している私の部屋の窓辺に、一輪の美しい花を咲かせたかのように見えた。

＊余と……したり　私と少女とのつき合いはしだいに頻繁になっていき、同郷人にすら知られてしまった。そこで彼らは早合点にも、私が遊び相手を舞姫たちの中からあさったのだと考えた。

㉚**マンサルド**　屋根裏部屋。フランス語。
㉛**氈**　毛織りの敷物。
㉜**ビクトリア座**　Viktoria Theater　ベルリンにあった劇場。
㉝**マルク**　ドイツで使われていた貨幣の単位。
❻なぜ「悪因」と表現しているのか。
㉞**シヨオペンハウエル**　Arthur Schopenhauer（一七八八―一八六〇）。ドイツの哲学者。
㉟**シルレル**　Friedrich von Schiller（一七五九―一八〇五）。ドイツの詩人・劇作家。

れば、彼らは速了にも、余をもつて色を舞姫の群れに漁するものとしたり。*我ら二人の間にはまだ痴騃《ちがい》なる歓楽のみ存じたりしを。*その名を指さんは憚《はばか》りあれど、同郷人のうちに事を好む人ありて、余がしばしば芝居に出入りして、女優と交はるといふことを、官長のもとに報じつ。*さらぬだに余がすこぶる学問の岐路に走るを知りて憎み思ひし官長は、つひに旨を公使館に伝へて、我が官を免じ、我が職を解いたり。公使がこの命を伝ふるとき余に言ひしは、*御身《おんみ》もし即時に郷に帰らば、㊱路用を給すべけれど、もしなほここに在らんには、公の助けをば仰ぐべからずとのことなりき。余は一週日の猶予を請ひて、とやかうと思ひ煩ふうち、我が生涯にて最も悲痛を覚えさせたる二通の書状に接しぬ。この二通はほとんど同時に出だししものなれど、一は母の自筆、一は親族なる某《なにがし》が、母の死を、我がまたなく慕ふ母の死を報じたる書《ふみ》なりき。余は母の書中の言をここに反復するに堪へず、涙の迫り来て筆の運びを妨ぐればなり。

　余とエリスとの交際は、このときまではよそ目に見るより清白なりき。彼は父の貧しきがために、十分なる教育を受けず、十五のとき舞の師の募りに応じて、この恥づかしき業《わざ》を教へられ、㊲クルズス果てて後、ビクトリ

***我ら……存じたりしを**　私たち二人の間には、まだほんの子供じみた楽しみがあっただけなのに。

***その名を……人ありて**　名前を出して言うのは差し障りがあるけれど、同郷人の中には何か事件が起こるのを好む人があって。

***さらぬだに……官長は**　そうでなくてさえ、私が甚だ学問の本筋から離れたところに向かっているのに気づいて憎く思った官長は。

***御身……ことなりき**　あなたが仮に今すぐ日本に帰るならば、旅費を支給することができるけれど、仮にまだここにとどまろうとするのなら、国の援助を受けることはできないということだった。

ア座に出でて、今は場中第二の地位を占めたり。されど詩人㊳ハックレンデルが当世の奴隷と言ひしごとく、はかなきは舞姫の身の上なり。薄き給金にてつながれ、昼の温習、夜の舞台と厳しく使はれ、*芝居の化粧部屋に入りてこそ紅粉をも粧ひ、美しき衣をもまとへ、場外にては独り身の衣食も足らずがちなれば、親はらからを養ふ者はその辛苦いかにぞや。されば彼らの仲間にて、いやしき限りなる業に堕《お》ちぬはまれなりとぞいふなる。エリスがこれを逃れしは、おとなしき性質と、剛気ある父の守護とによりてなり。彼は幼きときより物読むことをばさすがに好みしかど、手に入るは卑しき㊴コルポルタアジュと唱ふる貸本屋の小説のみなりしを、余と相知るころより、余が貸しつる書を読み習ひて、やうやく趣味をも知り、言葉のなまりをも正し、いくほどもなく余に寄する文《ふみ》にも誤字《あやまりじ》少なくなりぬ。かかれば余ら二人の間にはまづ師弟の交はりを生じたるなりき。我が不時の免官を聞きしときに、彼は色を失ひつ。*余は彼が身の事に関はりしを包み

＊芝居の……いかにぞや　芝居の化粧部屋に入ってこそ紅や白粉《おしろい》もつけ、きれいな服も着るけれど、一歩外に出れば自分一人の暮らしも十分ではないので、親や兄弟を養う者のつらさはいかほどであろう。

＊余は……言ひぬ　私はエリスのことがこの免官に関わっているのを知られないようにしたけれど、彼女は私に向かって、母にはこのことをお隠しくださいと言った。

㊱**路用**　旅費。
㊲**クルズス**　課程。ドイツ語。
㊳**ハックレンデル**　Friedrich Wilhelm von Hackländer（一八一六—一八七七）。ドイツの詩人・小説家。
㊴**コルポルタアジュ**　書籍の行商。もとはフランスではじまった聖書の行商のこと。

隠しぬれど、彼は余に向かひて母にはこれを秘めたまへと言ひぬ。こは母の余が学資を失ひしを知りて余を疎んぜんを恐れてなり。

ああ、詳しくここに写さんも要なけれど、余が彼を愛《め》づる心のにはかに強くなりて、つひに離れがたき仲となりしはこの折なりき。7 我が一身の大事は前に横たはりて、*まことに危急存亡の秋《とき》なるに、この行ひありしを怪しみ、またそしる人もあるべけれど、余がエリスを愛する情は、初めて相見しときより浅くはあらぬに、今我が㊵数奇《さくき》を哀れみ、また別離を悲しみて伏し沈みたる面に、鬢《びん》の毛の解けてかかりたる、その美しき、いぢらしき姿は、*余が悲痛感慨の刺激によりて常ならずなりたる脳髄を射て、恍惚の間《かん》にここに及びしをいかにせん。

公使に約せし日も近づき、我が命《めい》は迫りぬ。このままにて郷に帰らば、学成らずして汚名を負ひたる身の浮かぶ瀬あらじ。さればとてとどまらんには、学資を得べき手だてなし。

このとき余を助けしは8 今我が同行の一人なる相沢謙吉《あひざはけんきち》なり。彼は東京に在りて、すでに天方《あまがた》伯の秘書官たりしが、余が免官の官報に出でしを見て、某《なにがし》新聞紙の編集長に説きて、余を社の通信員となし、伯林《ベルリン》にとどまりて政

＊まことに……あるべけれど　まったく生きるか死ぬかの瀬戸際なのに、こういうことをしたのを不審に思い、また非難する人もあるだろうけれども。

＊余が……いかにせん　悲しみのきわみのうちに高ぶり、そのために普通でなくなった私の脳髄を貫いて、夢心地の間にこういう関係に至ったことをどうしようか。

治、学芸のことなどを報道せしむることとなしつ。

社の報酬は言ふに足らぬほどなれど、すみかをも移し、午餐《ひるげ》に行く食店《たべものみせ》をも変へたらんには、かすかなる暮らしは立つべし。とかう思案するほどに、心の誠を表して、助けの綱を我に投げかけしはエリスなりき。彼はいかに母を説き動かしけん、余は彼ら親子の家に寄寓《きぐう》することとなり、エリスと余とはいつよりとはなしに、あるかなきかの収入を合はせて、憂きが中にも楽しき月日を送りぬ。

朝の珈琲《カツフエエ》果つれば、彼は温習に行き、さらぬ日には家にとどまりて、余は㊶キヨオニヒ街の間口狭く奥行きのみいと長き休息所に赴き、あらゆる新聞を読み、鉛筆取り出でてかれこれと材料を集む。この切り開きたる引き窓より光を採れる室《へや》にて、定まりたる業《わざ》なき若人、多くもあらぬ金を人に貸して己は遊び暮らす老人、取引所の業の暇を盗みて足を休むる商人《あきうど》などと臂《ひぢ》を並べ、冷ややかなる石卓《いしづくゑ》の上にて、忙《いそが》はしげに筆を走らせ、小女《こをんな》が

7「この折」とは、どういうときのことか。
㊵**数奇**　不幸。
8「今」とは、どんな時か。
㊶**キヨオニヒ街**　König Strasse

持て来る一盞《ひとつき》の珈琲の冷むるをも顧みず、空きたる新聞の細長き板ぎれに挟みたるを、幾種《いくいろ》となく掛け連ねたるかたへの壁に、幾たびとなく往来《ゆきき》する日本人を、*知らぬ人は何とか見けん。また一時近くなるほどに、温習に行きたる日には帰り路《ぢ》によぎりて、余とともに店を立ち出づる*この常ならず軽《かろ》き、掌上の舞をもなし得つべき少女を、怪しみ見送る人もありしなるべし。

我が学問は荒《すさ》みぬ。屋根裏の一灯かすかに燃えて、エリスが劇場より帰りて、椅子に寄りて縫ひ物などするそばの机にて、余は新聞の原稿を書けり。*昔の法令条目の枯れ葉を紙上にかき寄せしとは異にて、今は活発々《くわつはつはつ》たる政界の運動、文学、美術に係《かか》はる新現象の批評など、かれこれと結び合はせて、力の及ばん限り、㊷ビヨルネよりはむしろ㊸ハイネを学びて思ひを構へ、さまざまの文《ふみ》を作りしうちにも、引き続きて維廉《ウイルヘルム》一世と㊹仏得力《フレデリック》三世との崩殂《ほうそ》ありて、㊺新帝の即位、㊻ビスマルク侯の進退いかんなどのことにつきては、ことさらに詳《つまびら》かなる報告をなしき。さればこのころよりは思ひしよりも忙はしくして、*多くもあらぬ蔵書をひもとき、旧業を尋ぬることも難く、大学の籍はまだ削られねど、謝金を収むることの難ければ、ただ一つ

＊知らぬ人は何とか見けん　知らない人はどのように見ただろうか。

＊この常ならず……少女を　この並外れて目方の軽い、きっと手のひらの上で舞うこともできるであろう少女を。

＊昔の……異にて　以前、枯れ葉のように役に立たない法令条目を紙の上にかき集めて写していたときとは違って。

＊多くも……難く　多くもない蔵書を開いて、以前やっていた学問を深めることも難しく。

にしたる講筵だに行きて聴くことはまれなりき。

我が学問は荒みぬ。されど余は別に一種の見識を長じき。そをいかにと言ふに、およそ民間学の流布したることは、欧州諸国の間にて独逸《ドイツ》に若《し》くはなからん。幾百種の新聞、雑誌に散見する議論にはすこぶる高尚なるも多きを、余は通信員となりし日より、*かつて大学にしげく通ひし折、養ひ得たる一隻の眼孔もて、読みてはまた読み、写してはまた写すほどに、今まで一筋の道をのみ走りし知識は、おのづから総括的になりて、同郷の留学生などの大方は、**9**夢にも知らぬ境地に至りぬ。彼らの仲間には独逸新聞の*社説をだによくはえ読まぬがあるに。

明治二十一年の冬は来にけり。表街《おもてまち》の人道にてこそ砂をも蒔《ま》け、鍤《すき》をもふるへ、クロステル街のあたりは凸凹㊼坎坷《かんか》の所は見ゆめれど、表のみは一

***かつて……眼孔もて**　以前、大学に頻繁に通っていたころに身につけたひとかどの見識をもって。

***社説をだによくはえ読まぬがあるに**　社説すら十分には読めない者がいるのに。

㊷**ビヨルネ**　Ludwig Börne（一七八六—一八三七）。ドイツの文芸評論家。
㊸**ハイネ**　Heinrich Heine（一七九七—一八五六）。ドイツの詩人。
㊹**仏得力三世**　Friedrich Ⅲ（一八三一—一八八八）。一八八八年三月、父ウィルヘルム一世の死により即位したが、六月に死没。
㊺**新帝**　維廉二世（一八五九—一九四一）。フレデリック三世の子。
㊻**ビスマルク**　Otto Eduard Leopold von Bismarck（一八一五—一八九八）。ドイツの政治家。
9「夢にも知らぬ境地」とは、どういうものか。
㊼**坎坷**　平らでないこと。

面に凍りて、朝《あした》に戸を開けば飢ゑ凍えし雀《すずめ》の落ちて死にたるも哀れなり。室を温め、かまどに火をたきつけても、壁の石を通し、衣《ころも》の綿をうがつ北欧羅巴《ヨオロッパ》の寒さは、なかなかに堪へ難かり。エリスは二、三日前の夜、舞台にて卒倒しつとて、人に助けられて帰り来《こ》しが、それより心地悪《あ》しとて休み、物食ふごとに吐くを、悪阻《つはり》といふものならんと初めて心づきしは母なりき。ああ、*さらぬだにおぼつかなきは我が身の行く末なるに、もしまことなりせばいかにせまし。

今朝は日曜なれば家に在れど、心は楽しからず。エリスは床に臥《ふ》すほどにはあらねど、小さき鉄炉のほとりに椅子さし寄せて言葉少なし。このとき戸口に人の声して、ほどなく㊽庖厨《はうちゆう》にありしエリスが母は、郵便の書状を持て来て余に渡しつ。見れば見覚えある相沢が手なるに、郵便切手は普魯西《プロシア》のものにて、消印には伯林《ベルリン》とあり。いぶかりつつも開きて読めば、*とみのことにてあらかじめ知らするに由なかりしが、昨夜《よべ》ここに着せられし天方大臣につきて我も来たり。*伯の汝《なんぢ》を見まほしとのたまふに疾《と》く来《こ》よ。汝が名誉を回復するもこのときにあるべきぞ。心のみ急がれて用事をのみ言ひやるとなり。読み終はりて茫然たる面もちを見て、エリス言ふ。「故郷より

＊さらぬだに……いかにせまし　そうでなくてさえ不安定なのは自分の将来なのに、もし本当ならばどうすればよいのか。

＊とみのことにて……来たり　急ぎのことで前もって知らせる手だてがなかったが、昨夜ここに到着された天方大臣に随行して私も来たのである。

＊伯の……来よ　伯爵が君に会いたいとおっしゃるので、すぐに来てくれ。

の文なりや。*悪しき便りにてはよも。」彼は例の新聞社の報酬に関する書状と思ひしならん。「否、*心になかけそ。御身も名を知る相沢が、大臣とともにここに来て我を呼ぶなり。*急ぐと言へば今よりこそ。」

かはゆき独り子を出だしやる母もかくは心を用ゐじ。*大臣にまみえもやせんと思へばならん、エリスは病をつとめて起《た》ち、⑲上襦袢《うはじゆばん》もきはめて白きを選び、丁寧にしまひ置きし⑳ゲエロックといふ二列ぼたんの服を出だして着せ、㉑襟飾りさへ余がために手づから結びつ。

「これにて見苦しとは誰《たれ》もえ言はじ。我が鏡に向きて見たまへ。何故にかく不興なる面もちを見せたまふか。*我ももろともに行かまほしきを。」少し容《かたち》を改めて。「否、かく衣《ころも》を改めたまふを見れば、なにとなく我が豊太郎の君とは見えず。」また少し考へて。「*よしや富貴になりたまふ日はありとも、我をば見捨てたまはじ。我が病は母ののたまふごとくならずとも。」

10「何、富貴。」余は微笑しつ。「政治社会などに出でんの望みは絶ちしより

*悪しき便りにてはよも　悪い知らせではまさかないでしょうね。
*心になかけそ　心配しないでおくれ。
*急ぐと言へば今よりこそ　急ぐと言うので、今から行こう。
*大臣にまみえもやせんと思へばならん　大臣にお目にかかることもあるかと思うからであろうか。
*我ももろともに行かまほしきを　私もいっしょに行きたいのに。
*よしや……見捨てたまはじ　たとえ富や地位を手になさる日が来ようとも、私を見捨てなさらないでしょう。

㊽**庖廚**　台所。　⑲**上襦袢**　ここでは、ワイシャツ。
⑳**ゲエロック**　フロックコート。ドイツ語。
㉑**襟飾り**　ここでは、ネクタイ。
10「何、富貴。」とは、どういう気持ちで言ったのか。

幾年《いくとせ》をか経ぬるを。大臣は見たくもなし。ただ年久しく別れたりし友にこそ会ひには行け。」エリスが母の呼びし一等[52]ドロシユケは、輪下にきしる雪道を窓の下まで来ぬ。余は手袋をはめ、少し汚れたる外套《ぐわいたう》を背に覆ひて手をば通さず帽を取りてエリスに接吻《せっぷん》して楼《たかどの》を下りつ。彼は凍れる窓を開け、乱れし髪を[53]朔風《さくふう》に吹かせて余が乗りし車を見送りぬ。

余が車を降りしは[54]カイゼルホオフの入り口なり。門者《かどもり》に秘書官相沢が室の番号を問ひて、久しく踏み慣れぬ大理石の階《きざはし》を上り、中央の柱に[55]プリユツシユを覆へる[56]ゾフアを据ゑつけ、正面には鏡を立てたる前房に入りぬ。外套をばここにて脱ぎ、廊《わたどの》を伝ひて室の前まで行きしが、余は少し[57]踟蹰《ちちゆう》したり。同じく大学に在りし日に、余が品行の方正なるを激賞したる相沢が、今日はいかなる面もちして出で迎ふらん。室に入りて相対して見れば、形こそ旧《もと》に比ぶれば肥えてたくましくなりたれ、依然たる快活の気象、我が失行をもさまで意に介せざりきと見ゆ。*別後の情を細叙するにもいとまあらず、引かれて大臣に謁し、委託せられしは独逸語《ドイツ》にて記せる文書《もんじよ》の急を要するを翻訳せよとのことなり。余が文書を受領して大臣の室を出でしとき、相沢は後より来て余と午餐《ひるげ》をともにせんと言ひぬ。

***別後の……謁し** 別れてからこれまでの情況を細かく述べるような余裕もなく、連れられて大臣にお目にかかり。

食卓にては彼多く問ひて、我多く答へき。*彼が生路はおほむね平滑なりしに、轗軻《かんか》数奇《さくき》なるは我が身の上なりければなり。

余が胸臆を開いて物語りし[11]不幸なる閲歴を聞きて、彼はしばしば驚きしが、*なかなかに余を責めんとはせず、かへりて他の凡庸なる諸生輩を罵りき。されど物語の終はりしとき、*彼は色を正して諫《いさ》むるやう、この一段のことはもと生まれながらなる弱き心より出でしなれば、今さらに言はんも甲斐なし。とはいへ、学識あり、才能ある者が、いつまでか一少女の情にかかづらひて、目的なき生活《なりはひ》をなすべき。今は天方伯もただ独逸語を利用せんの心のみなり。己もまた伯が当時の免官の理由を知れるが故に、*強ひてその成心を動かさんとはせず、伯が心中にて曲庇者《きょくひしゃ》なりなんど思はれんは、朋友《ほういう》に利なく、己に損あればなり。人を薦むるはまづその能を示すに

＊彼が……なりければなり　彼の人生はおおむね順調であったのに、不運で波瀾《はらん》に満ちているのは私の境遇だったからである。

＊なかなかに……罵りき　むしろ私を責めようとはしないで、逆に他の平凡な仲間たちを非難した。

＊彼は……甲斐なし　彼が表情を改めて忠告することには、この一連の出来事はそもそも君の生来の弱い心から起こったことなので、今となっては言ってもしかたのないことである。

＊強ひて……あればなり　無理にその先入観を動かそうとはしない。伯爵の胸の内で事実を曲げてかばうやつなどと思われるのは、友達に不利であり、自分にも損だからである。

㊾**ドロシユケ**　一頭立ての辻馬車。ドイツ語。
㊿**朔風**　北風。
カイゼルホオフ　Kaiserhof　ベルリンにあったホテルの名。
プリユツシユ　ビロードの一種。ドイツ語。
ゾフア　ソファ。ドイツ語。
踟躕　ためらうこと。

[11]「不幸なる閲歴」とは、どういうものか。

若かず。これを示して伯の信用を求めよ。またかの少女との関係は、*よしや彼に誠ありとも、よしや情交は深くなりぬとも、人材を知りての恋にあらず、慣習といふ一種の惰性より生じたる交はりなり。意を決して断てと。これその言のおほむねなりき。

大洋に舵《かぢ》を失ひし舟人が、はるかなる山を望むごときは、相沢が余に示したる前途の方針なり。されどこの山はなほ重霧の間に在りて、*いつ行き着かんも、否、はたして行き着きぬとも、我が中心に満足を与へんも定かならず。貧しきが中にも楽しきは今の生活《なりはひ》、捨て難きはエリスが愛。*我が弱き心には思ひ定めん由なかりしが、しばらく友の言に従ひて、この情縁を断たんと約しき。*余は守るところを失はじと思ひて、己に敵する者には抗抵すれども、友に対して否とはえ答へぬが常なり。

別れて出づれば風面《おもて》を打てり。二重《ふたへ》の玻璃《ガラス》窓を厳しく閉ざして、大いなる陶炉に火をたきたるホテルの食堂を出でしなれば、薄き外套を通る午後四時の寒さはことさらに堪へ難く、膚粟立《はだへあはだ》つとともに、12 余は心のうちに一種の寒さを覚えき。

翻訳は一夜になし果てつ。カイゼルホオフへ通ふことはこれよりやうや

＊よしや……あらず　たとえ彼女の気持ちが真実であっても、たとえ関係が深くなっていたとしても、ふさわしい相手と知ってのうえでの恋ではない。

＊いつ……定かならず　いつたどり着くのかも、いや、たとえたどり着いたとしても、私の心に満足を与えるかどうかも定かではないのである。

＊我が……約しき　私の弱い心では、考えを決める手だてなどなかったが、一応友達の言葉に従って、この男女の関係を断とうと約束した。

＊余は……常なり　私は心に決めるところのものを失うまいと思って、自分に敵対する者には抵抗するけれども、友達に対していやとは答えられないのがいつものことである。

くしげくなりもてゆくほどに、初めは伯の言葉も用事のみなりしが、後には近ごろ故郷にてありしことなどをあげて余が意見を問ひ、折に触れては道中にて人々の失策ありしことどもを告げてうち笑ひたまひき。

ひと月ばかり過ぎて、ある日伯は突然我に向かひて、「余は(58)明旦《あす》、魯西亜《ロシア》に向かひて出発すべし。従ひて来《く》べきか。」と問ふ。余は数日間、かの公務にいとまなき相沢を見ざりしかば、この問ひは不意に余を驚かしつ。「いかで命に従はざらん。」余は我が恥を表さん。この答へはいち早く決断して言ひしにあらず。余は己が信じて頼む心を生じたる人に、卒然ものを問はれたるときは、咄嗟《とっさ》の間《かん》、その答への範囲をよくも量らず、直ちにうべなふことあり。さてうべなひしうへにて、そのなし難きに心づきても、強ひて当時の心虚《うつろ》なりしを覆ひ隠し、耐忍してこれを実行することしばしばなり。

この日は翻訳の代《しろ》に、旅費さへ添へて賜りしを持て帰りて、翻訳の代をばエリスに預けつ。これにて魯西亜《ロシア》より帰り来んまでの費えをば支へつべし。彼は医者に見せしに常ならぬ身なりといふ。貧血の性《さが》なりし故、幾月

*従ひて来べきか　ついて来ることができるか。

*いかで命に従はざらん　どうしてご命令に従わないことがありましょうか。

*さて……覆ひ隠し　そうして、承諾したうえでその実行し難いことに気がついても、承諾したときは心がからっぽで物事をしっかりと判断できる状態ではなかったということを、無理に包み隠し。

*貧血の……ありけん　もともと貧血気味だったので、何か月間か気づかないでいたのであろう。

12「余は心のうちに一種の寒さを覚えき。」とあるが、それはなぜか。

(58)**明旦**　明朝。

か心づかでありけん。座頭よりは休むことのあまりに久しければ籍を除きぬと言ひおこせつ。まだひと月ばかりなるに、かく厳しきは故あればなるべし。旅立ちのことにはいたく心を悩ますとも見えず。偽りなき我が心を厚く信じたれば。

鉄路にては遠くもあらぬ旅なれば、用意とてもなし。身に合はせて借りたる黒き礼服、新たに買ひ求めたるゴタ版[59]の魯廷《ろてい》の貴族譜、二、三種の辞書などを、小カバンに入れたるのみ。さすがに心細きことのみ多きこのほどなれば、*出で行く後に残らんも物憂かるべく、また停車場にて涙こぼしなどしたらんには後ろめたかるべければとて、翌朝早くエリスをば母につけて知る人がり出だしやりつ。余は旅装整へて戸を閉ざし、鍵をば入り口に住む靴屋の主人に預けて出でぬ。

魯国《ろこく》行きにつきては、何事をか叙すべき。*我が舌人《ぜつじん》たる任務《つとめ》はたちまちに余を拉《らっ》し去りて、青雲の上に落としたり。余が大臣の一行に従ひて、*ペ[60]エテルブルクに在りし間に余を囲繞《ゐねう》せしは、巴里《パリ》絶頂の驕奢《けうしゃ》を、氷雪のうちに移したる王城の装飾、ことさらに黄蠟《わうらふ》[61]の燭《しょく》をいくつともなく点《とも》したるに、幾星の勲章、幾枝《いくし》[62]のエポレットが映射する光、彫鏤《てうる》の巧みを尽くした

***出で行く……出だしやりつ**　出発した後に残るのもやりきれないであろうし、また、停車場で涙をこぼしたりなどすれば自分も気がかりであろうからということで、翌朝早くエリスを母親といっしょに知り合いのところに出かけさせた。

***我が……落としたり**　私の通訳としての仕事はただちに私を連れ去って、宮廷社会の上に落としたのである。

***ペエテルブルクに……囲繞せしは**　ペエテルブルクに滞在している間、私を取り囲んだものは、

る(63)カミンの火に寒さを忘れて使ふ宮女の扇のひらめきなどにて、この間《かん》仏《フ》蘭西《ランス》語を最も円滑に使ふ者は我なるが故に、*賓主の間に周旋して事を弁ずる者もまた多くは余なりき。

この間余はエリスを忘れざりき、否、彼は日ごとに書《ふみ》を寄せしかばえ忘れざりき。余が立ちし日には、いつになく独りにて灯火に向かはんことの心憂さに、知る人のもとにて夜に入るまで物語りし、疲るるを待ちて家に帰り、直ちに寝《い》ねつ。次の朝《あした》目覚めしときは、なほ独り後に残りしことを夢にはあらずやと思ひぬ。起き出でしときの心細さ、*かかる思ひをば、生計《たつき》に苦しみて、今日の日の食なかりし折にもせざりき。これ彼が第一の書の略《あらまし》なり。

またほど経ての書はすこぶる思ひ迫りて書きたるごとくなりき。文をば否といふ字にて起こしたり。否、君を思ふ心の深き底《そこひ》をば今ぞ知りぬる。*君はふるさとに頼もしき族《やから》なしとのたまへば、この地によき世渡りのたつ

***賓主の……余なりき**　客と主人との間を取り持って、要件を処理するのもやはりほとんど私であった。

***かかる思ひをば……せざりき**　このような思いは、暮らしに困り、その日の食べ物さえなかったときにも味わうことはなかった。

***君は……ことやはある**　あなたは故国に頼みに思う親族がないとおっしゃるので、この土地に暮らしを立てるよい手段があれば、どうしておとどまりにならないことがありましょう。

---

(59)**ゴタ版の魯廷の貴族譜**　Gothaというドイツ中部の小都市で出版された、ロシアの貴族の系図や宮廷行事を記した書物。

(60)**ペエテルブルク**　Peterburg　帝政ロシアの首府。現在のサンクト・ペテルブルク。

(61)**黄蠟の燭**　みつばちの巣を煮詰めて作る黄色いろうそく。

(62)**エポレット**　肩章。フランス語。　(63)**カミン**　壁に取りつけた暖炉。ドイツ語。

きあらば、とどまりたまはぬことやはある。*また我が愛もてつなぎ留めではやまじ。*それもかなはで東《ひんがし》に帰りたまはんとならば、親とともに行かんはやすけれど、かほどに多き路用をいづくよりか得ん。*いかなる業をなしてもこの地にとどまりて、君が世に出でたまはん日をこそ待ためと常には思ひしが、しばしの旅とて立ち出でたまひしよりこの二十日ばかり、別離の思ひ㊹は日にけに茂りゆくのみ。袂《たもと》を分かつはただ一瞬の苦艱《くかん》なりと思ひしは迷ひなりけり。*我が身の常ならぬがやうやくにしるくなれる、それさへあるに、よしやいかなることありとも、我をばゆめな捨てたまひそ。母とはいたく争ひぬ。*されど我が身の過ぎしころには似で思ひ定めたるを見て心折れぬ。我が東に行かん日には、㊺ステッチンわたりの農家に、遠き縁者あるに、身を寄せんとぞ言ふなる。*書き送りたまひしごとく、大臣の君に重く用ゐられたまはば、我が路用の金はともかくもなりなん。今はひたすら君がベルリンに帰りたまはん日を待つのみ。

ああ、余はこの書を⑬見て初めて我が地位を明視し得たり。恥づかしきは我が鈍き心なり。余は我が身一つの進退につきても、また我が身に係はらぬ他人《ひと》のことにつきても、決断ありと自ら心に誇りしが、この決断は順境

＊また……やまじ　また、私の愛でつなぎ留めないではおきません。

＊それも……得ん　それもできなくて東の国にお帰りになるというならば、親といっしょに行くのは簡単だけれど、これほどにも多額の旅費をどこから得ましょう。

＊いかなる……思ひしが　どんな仕事をしてでもここにとどまって、あなたが出世なさる日を待とうとふだんは思っていましたが。

＊我が身の……捨てたまひそ　私の体が普通の状態ではないのがだんだん目立つようになってきました。そのことさえあるのですから、たとえどんなことがあっても私を決してお捨てなさいますな。

＊されど……心折れぬ　しかし私が以前とは違って覚悟を決めているのを見て、諦めました。

＊書き送り……なりなん　書き送ってくださったように、大臣様に重く取り立てられなさるなら、私の旅費くらいどのようにでもなるでしょう。

にのみありて、逆境にはあらず。*我と人との関係を照らさんとするときは、頼みし胸中の鏡は曇りたり。

大臣はすでに我に厚し。されど我が近眼はただ己が尽くしたる職分をのみ見き。余はこれに未来の望みをつなぐことには、神も知るらん、絶えて思ひ至らざりき。*されど今ここに心づきて、我が心はなほ冷然たりしか。先に友の勧めしときは、大臣の信用は屋上の鳥のごとくなりしが、今はややこれを得たるかと思はるるに、相沢がこのごろの言葉の端に、*本国に帰りて後もともにかくてあらば云々《しかじか》と言ひしは、大臣のかくのたまひしを、友ながらも公事《おほやけごと》なれば明らかには告げざりしか。今さら思へば、余が軽率にも彼に向かひてエリスとの関係を絶たんと言ひしを、*早く大臣に告げやしけん。

ああ、独逸《ドイツ》に来し初めに、自ら我が本領を悟りきと思ひて、また器械的人物とはならじと誓ひしが、*こは足を縛して放たれし鳥のしばし羽を動かして自由を得たりと誇りしにはあらずや。足の糸は解くに由なし。先にこ

＊我と……曇りたり　自分と他人との関係を映そうとするときは、頼りにしていた胸の中の鏡は曇ってしまう。

＊されど今……冷然たりしか　しかし、今この点に気づいて、私の心はそれでもまだ平気なままでいられただろうか。

＊本国に……告げざりしか　祖国に帰った後も、いっしょにこのようにいられるならばなどと言ったのは、大臣がそう言われたのを、友達ではあっても公務に関することなので、はっきりとは告げなかったのであろうか。

＊早く大臣に告げやしけん　早速大臣に申し上げたのであろうか。

＊こは……あらずや　これは足を縛られて放たれた鳥が、ほんのわずかの間、羽を動かして自由を得たと得意になっていたのではないだろうか。

㊹日にけに　日ましに。　**㊺ステッチン**　Stettin　ベルリンの北東にある都市。

13「我が地位」とは、どういうものか。

れを操りしは、我が某省の官長にて、今はこの糸、あなあはれ、天方伯の手中にあり。余が大臣の一行とともにベルリンに帰りしは、あたかもこれ新年の旦《あした》なりき。停車場に別れを告げて、我が家をさして車を駆りつ。ここにては今も除夜に眠らず、元旦に眠るが習ひなれば、万戸寂然たり。寒さは強く、路上の雪は稜角《りょうかく》ある氷片となりて、晴れたる日に映じ、きらきらと輝けり。車はクロステル街に曲がりて、家の入り口にとどまりぬ。このとき窓を開く音せしが、車よりは見えず。⑯駆丁《ぎょてい》にカバン持たせて梯を上らんとするほどに、エリスの梯を駆け下るに会ひぬ。彼が一声叫びて我が頸《くび》を抱《いだ》きしを見て駆丁はあきれたる面もちにて、何やらん髭のうちにて言ひしが聞こえず。

「よくぞ帰り来たまひし。帰り来たまはずば我が命は絶えなんを。」

我が心はこのときまでも定まらず、故郷を思ふ念と栄達を求むる心とは、時として愛情を圧せんとせしが、ただこの一刹那《せつな》、⑰低徊《ていくわい》踟蹰《ちちゅう》の思ひは去りて、余は彼を抱き、彼の頭《かしら》は我が肩に寄りて、彼が喜びの涙ははらはらと肩の上に落ちぬ。

「幾階か持ちて行くべき。」と鑼《どら》のごとく叫びし駆丁は、いち早く上りて梯の上に立てり。

戸の外に出で迎へしエリスが母に、馭丁をねぎらひたまへと銀貨を渡して、余は手を取りて引くエリスに伴はれ、急ぎて室に入りぬ。一瞥《いちべつ》して余は驚きぬ、机の上には白き木綿、白きレエスなどをうづたかく積み上げたれば。

エリスはうち笑みつつこれを指《ゆびさ》して、「*何とか見たまふ、この心構へを。」と言ひつつ一つの木綿ぎれを取り上ぐるを見れば襁褓《むつき》なりき。「我が心の楽しさを思ひたまへ。*生まれん子は君に似て黒き瞳《ひとみ》をや持ちたらん。この瞳。ああ、夢にのみ見しは君が黒き瞳なり。*生まれたらん日には君が正しき心にて、よもあだし名をば名のらせたまはじ。」彼は頭《かうべ》を垂れたり。「*幼しと笑ひたまはんが、寺に入らん日はいかにうれしからまし。」見上げたる目《まみ》には涙満ちたり。
二、三日の間は大臣をも、旅の疲れやおはさんとてあへて訪《とぶら》はず、家にのみこもりをりしが、ある日の夕暮れ使ひして招かれぬ。行きて見れば待

*何とか見たまふ、この心構へを　どのように御覧になりますか、この周到さを。

*生まれん子は……持ちたらん　生まれてくる子はあなたに似て黒い瞳を持っているでしょうか。

*生まれたらん……名のらせたまはじ　生まれるであろうその日には、あなたは正しい心をお持ちなのだから、まさか別の姓を名のらせたりはなさらないでしょう。

*幼しと……うれしからまし　幼いとお笑いになるでしょうが、教会に洗礼に行く日はどんなにうれしいことでしょう。

66 馭丁　御者。
67 低徊踟躕　迷うこと。

遇ことにめでたく、魯西亜《ロシア》行きの労を問ひ慰めて後、我とともに東に帰る心なきか、*君が学問こそ我が測り知るところならね、語学のみにて世の用には足りなん、*滞留のあまりに久しければ、さまざまの係累もやあらんと、相沢に問ひしに、さることなしと聞きて落ちゐたりとのたまふ。*その気色《けしき》いなむべくもあらず。あなやと思ひしが、さすがに相沢の言を偽りなりとも言ひ難きに、もしこの手にしもすがらずば、本国をも失ひ、名誉を引き返さん道をも絶ち、身はこの広漠たる欧州大都の人の海に葬られんかと思ふ念、心頭を衝《つ》いて起これり。*ああ、なんらの特操なき心ぞ、「承りはべり。」と答へたるは。

*黒がねの額《ぬか》はありとも、帰りてエリスに何とか言はん。ホテルを出でしときの我が心の錯乱は、たとへんに物なかりき。余は道の東西をも分かず、思ひに沈みて行くほどに、行き合ふ馬車の馭丁に幾たびか叱せられ、驚きて飛びのきつ。しばらくしてふとあたりを見れば、獣苑の傍らに出でたり。倒るるごとくに道の辺《べ》の榻《こしかけ》に寄りて、焼くがごとく熱し、槌《つち》にて打たるるごとく響く頭を(68)榻背《たふはい》にもたせ、死したるごときさまにて幾時《いくとき》をか過ぐしけん。激しき寒さ骨に徹すと覚えて覚めしときは、夜に入りて雪はしげく降

＊君が……足りなん　君の学問のことは私には見当がつかないが、語学力だけでも十分社会の役に立つだろう。

＊滞留の……のたまふ　滞在があまりにも長いので、いろいろなしがらみもあるだろうかと、相沢に尋ねたところ、そんなことはないと聞いて安心した、とおっしゃる。

＊その気色いなむべくもあらず　その表情には、断ることのできないものがある。

＊ああ……答へたるは　ああ、なんと無節操な心であるか、「承知いたしました。」と答えてしまったのは。

＊黒がねの……言はん　どんなに鉄面皮だったとしても、帰ってエリスになんと言おう。

り、帽の庇《ひさし》、外套の肩には一寸[69]ばかりも積もりたりき。
もはや十一時をや過ぎけん、モハビット[70]、カルル街通ひの鉄道馬車の軌道も雪に埋《うづ》もれ、ブランデンブルゲル門[71]のほとりの瓦斯《ガス》灯は寂しき光を放ちたり。立ち上がらんとするに足の凍えたれば、両手にてさすりて、ややく歩み得るほどにはなりぬ。

足の運びのはかどらねば、クロステル街まで来しときは、半夜をや過ぎたりけん。ここまで来し道をばいかに歩みしか知らず。一月上旬の夜なれば、ウンテル-デン-リンデンの酒家、茶店《さてん》は*なほ人の出入り盛りにて賑《にぎ》はしかりしならめど、ふつに覚えず。我が脳中にはただただ我は許すべからぬ罪人《つみびと》なりと思ふ心のみ満ち満ちたりき。

四階の屋根裏には、エリスはまだ寝《い》ねずとおぼしく、*炯然《けいぜん》たる一星の火、暗き空にすかせば、明らかに見ゆるが、降りしきる鷺《さぎ》のごとき雪片に、たちまち覆はれ、たちまちまた現れて、風にもてあそばるるに似たり。戸口

***なほ……覚えず**　依然として人の出入りが盛んで賑やかだったであろうが、全く覚えていない。

***炯然たる……似たり**　光り輝く星のような一つのともしびは、暗い空に透かせばはっきりと見えるが、降りしきる鷺の羽のような雪片に、たちまち覆われてはすぐにまた現れ、それはちょうど風に弄ばれているかのようである。

[68]**榻背**　ベンチの背。　[69]**寸**　長さの単位。一寸は約三・〇センチメートル。
[70]**モハビット、カルル街**　Mohabit はベルリン北西の都市、Karl Strasse はベルリン市内の街。
[71]**ブランデンブルゲル門**　ブランデンブルク門のこと。➡p.118注⑬

に入りしより疲れを覚えて、身の節《ふし》の痛み堪へ難ければ、這《は》ふごとくに梯を上りつ。庖厨を過ぎ、室の戸を開きて入りしに、机に寄りて襁褓縫ひたりしエリスは振り返りて、「あ。」と叫びぬ。「いかにかしたまひし。御身の姿は。」

驚きしもうべなりけり、蒼然《さうぜん》として死人に等しき我が面色、帽をばいつの間にか失ひ、髪はおどろと乱れて、幾たびか道にてつまづき倒れしことなれば、衣《ころも》は泥まじりの雪に汚れ、所々は裂けたれば。

余は答へんとすれど声出でず、膝のしきりにをののかれて立つに堪へねば、椅子をつかまんとせしまでは覚えしが、そのままに地に倒れぬ。

*人事を知るほどになりしは数週《すしう》の後なりき。熱激しくてうはことのみ言ひしを、*エリスが懇ろにみとるほどに、ある日相沢は尋ね来て、[14]余が彼に隠したる顛末《てんまつ》をつばらに知りて、大臣には病のことのみ告げ、よきやうに繕ひおきしなり。余は初めて病床に侍するエリスを見て、その変はりたる姿に驚きぬ。彼はこの数週のうちにいたく痩せて、血走りし目《まみ》は窪《くぼ》み、灰色の頬は落ちたり。相沢の助けにて日々の生計《たつき》には窮せざりしが、この恩人は彼を精神的に殺ししなり。

***人事を……後なりき**　意識がはっきりとしてきたのは、数週間後であった。

***エリスが……知りて**　エリスが手厚く看病しているある日、相沢が訪ねてきて、私が彼に隠していたいきさつを詳しく知って。

後に聞けば彼は相沢に会ひしとき、余が相沢に与へし約束を聞き、またかの夕べ*大臣に聞こえ上げし一諾を知り、にはかに座より躍り上がり、面色さながら土のごとく、「我が豊太郎ぬし、かくまでに我をば欺きたまひしか。」と叫び、その場に倒れぬ。相沢は母を呼びてともに助けて床に臥させしに、しばらくして覚めしときは、目《まみ》は直視したるままにて傍らの人をも見知らず、我が名を呼びていたく罵り、髪をむしり、布団を噛《か》みなどし、またにはかに心づきたるさまにて物を探り求めたり。母の取りて与ふる物をばことごとくなげうちしが、机の上なりし襁褓を与へたるとき、探りみて顔に押し当て、涙を流して泣きぬ。

これよりは騒ぐことはなけれど、精神の作用はほとんど全く廃して、その痴なること赤児《あかご》のごとくなり。医に見せしに、過激なる心労にて急に起こりしパラノイア[72]といふ病なれば、治癒の見込みなしといふ。ダルドルフ[73]の癲狂《てんきやう》院に入れんとせしに、泣き叫びてきかず、後にはかの襁褓一つを身

＊**大臣に……知り**　大臣に申し上げた承諾のことを知り。

14「余が彼に隠したる顛末」とは、どういうことか。

(72) **パラノイア**　現在では一般に、体系的で頑固な妄想が永続する精神障害をさすが、時代・学者によりその定義は一定しない。この小説の当時は、より広い範囲の症状をさした。ドイツ語。

(73) **ダルドルフの癲狂院**　Dalldorf はベルリンの北にある町。そこの精神病院。

につけて、幾たびか出だしては見、見ては欷歔《ききょ》す。*余が病床をば離れねど、これさへ心ありてにはあらずと見ゆ。ただ折々思ひ出だしたるやうに「薬を、薬を。」と言ふのみ。

余が病は全く癒えぬ。エリスが生ける屍《かばね》を抱きて千行《ちすぢ》の涙を注ぎしは幾たびぞ。大臣に従ひて帰東の途に上りしときは、相沢と議《はか》りてエリスが母にかすかなる生計を営むに足るほどの資本を与へ、哀れなる狂女の胎内に残しし子の生まれん折のことをも頼みおきぬ。

ああ、相沢謙吉がごとき良友は世にまた得難かるべし。されど我が脳裏に一点の彼を憎む心今日までも残れりけり。

＊余が……見ゆ　私のベッドから離れはしないが、これとて意識があってのことではないように見える。

森鷗外　一八六二年（文久二）―一九二二年（大正一一）。小説家・軍医。島根県生まれ。本名は林太郎。ドイツ留学の体験をもとに、一八九〇年（明治二三）、『舞姫』を発表。以後、翻訳・評論・創作などで、近代文学に大きな足跡を残した。作品に『うたかたの記』『青年』『雁《がん》』『阿部《あべ》一族』『高瀬舟《たかせぶね》』などがある。本文は『鷗外全集　第一巻』によった。

学習の手引き

一 この作品は、「余」（太田豊太郎）の手記という形式になっている。豊太郎は、いつどこで、どういう必要性から、この手記を書こうとしているのか。本文に即してまとめてみよう。

二 豊太郎のエリスに対する心情の変化を、箇条書きにしてまとめてみよう。

三 自分の生き方や学問に対する豊太郎の考え方はどのように変化していったか、以下の場面ごとに整理してみよう。

1 二十五歳になるまで。
2 「明治二十一年の冬」（一三三・10）に相沢の手紙が届くまで。
3 「新年の旦」（一三四・3）にベルリンに戻るまで。

四 この作品が成立した時代について調べ、森鷗外自身の経歴を参考にしながら、以下のことを考えてみよう。

1 豊太郎はどのような期待を寄せられる存在だったか。
2 相沢謙吉にとって、エリスはどのような存在だったか。

活動の手引き

一 「ああ、相沢謙吉がごとき良友は世にまた得難かるべし。されど我が脳裏に一点の彼を憎む心今日までも残れりけり。」（一五〇・8）とあるが、相沢・豊太郎・エリスの関係をどう思うか、自分の考えを文章にまとめてみよう。

言葉の手引き

一 次のかたかなを漢字に改めよう。

1 ユウセイなる境。
2 雲にそびえるロウカク。
3 ゴウケツだと思い込む。
4 キキュウソンボウ。
5 ダセイに陥る。

二 本文の中から、次の動作を示す語句をすべて抜き出し、それぞれの表現の差がどのような効果を生み出しているか、考えてみよう。

1 書く（↓書き記す、ものす……）
2 留学する（↓西に航す……）

三 次の本文中の「色」の意味を調べてみよう。

1 さまざまの色に飾りなしたる礼装（一一七・10）
2 真率なる心や色に現れたりけん（一二四・4）
3 色を舞姫の群れに漁する（一二八・1）
4 彼は色を失ひつ。（一二九・13）
5 彼は色を正して諫むる（一二七・5）

四 この作品の文体や表現の特色を、具体的な箇所をあげて指摘してみよう。

小《こ》諸《もろ》なる古城のほとり

島《しま》崎《ざき》藤《とう》村《そん》

①小諸なる古城のほとり
雲白く②遊子悲しむ
緑なす③蘩蔞《はこべ》は萌《も》えず
若草も④藉《し》くによしなし
しろがねの⑤衾《ふすま》の岡辺《をかべ》
日に溶けて淡雪流る

あたたかき光はあれど
野に満つる香《かをり》も知らず
浅くのみ春は霞《かす》みて
麦の色はつかに青し

学習のねらい
文語定型詩の構成やリズムに親しみ、情景にこめられた心情を理解する。

①**小諸**　長野県小諸市。
②**遊子**　旅人。
③**蘩蔞**　ナデシコ科の越年草。春の七草の一つ。
④**藉く**　草を敷物にすること。
⑤**衾**　寝るときに掛ける寝具。ここは、比喩的表現。

旅人の群《むれ》はいくつか
畠中《はたなか》の道を急ぎぬ

暮れ行けば⑥浅間《あさま》も見えず
歌哀《かな》し⑦佐久《さく》の草笛
⑧千曲川《ちくまがは》いざよふ波の
岸近き宿にのぼりつ
濁り酒濁れる飲みて
⑨草枕《くさまくら》しばし慰む

（『落梅集』）

⑥**浅間**　浅間山。長野県と群馬県とにまたがる活火山。
⑦**佐久**　小諸付近一帯の佐久盆地。
⑧**千曲川**　信濃《しなの》川の、長野県内での呼称。長野県、新潟県を流れて日本海に注ぐ。
⑨**草枕**　旅寝をすること。

学習の手引き

一　リズムを意識して繰り返し音読してみよう。
二　この詩の韻律の特徴について考え、どのような表現上の効果があるか説明してみよう。
三　第一連、第二連、第三連の情景とその変化について整理し、それぞれどのようなイメージと心情がこめられているか、説明してみよう。

島崎藤村　一八七二年（明治五）—一九四三年（昭和一八）。詩人・小説家。長野県生まれ。第一詩集『若菜集』をはじめとする叙情詩は、近代詩の幕開けとなる。のち、散文に移行、第一作の『破戒』は、自然主義文学の代表作品となった。作品に小説『春』『家』『夜明け前』などがある。本文は『藤村全集　第一巻』によった。

永《えい》訣《けつ》の朝

宮《みや》沢《ざわ》賢《けん》治《じ》

学習のねらい
詩の中の自然の描かれ方に注目し、「いもうと」と「わたくし」それぞれの心情を想像しながら味わう。

けふのうちに
とほくへいつてしまふわたくしのいもうと①よ
みぞれがふつておもてはへんにあかるいのだ
②（あめゆじゆとてちてけんじや）
うすあかくいつそう陰惨《いんざん》な雲から
みぞれはびちよびちよふつてくる
（あめゆじゆとてちてけんじや）
青い③蓴菜《じゆんさい》のもやうのついた
これらふたつのかけた陶椀《たうわん》に
おまへがたべるあめゆきをとらうとして
わたくしはまがつたてつぱうだまのやうに

①**いもうと**　作者と二つ違いの妹トシ。一九二二年（大正一一）十一月二十七日、二十四歳で死去。

②**あめゆじゆとてちてけんじや**　「あめゆきとってきてください。」の意。岩手県花《はな》巻《まき》地方の方言。

③**蓴菜**　スイレン科の多年生水草。

このくらいみぞれのなかに飛びだした
　（あめゆじゆとてちてけんじや）
④蒼鉛《さうえん》いろの暗い雲から
みぞれはびちよびちよ沈んでくる
ああとし子
死ぬといふいまごろになつて
わたくしをいつしやうあかるくするために
こんなさつぱりした雪のひとわんを
おまへはわたくしにたのんだのだ
ありがたうわたくしのけなげないもうとよ
わたくしもまつすぐにすすんでいくから
　（あめゆじゆとてちてけんじや）
はげしいはげしい熱やあへぎのあひだから
おまへはわたくしにたのんだのだ
　銀河や太陽　⑤気圏などとよばれたせかいの
そらからおちた雪のさいごのひとわんを……

④**蒼鉛**　ビスマス。金属元素の一つで、赤みを帯びた灰白色をしている。

⑤**気圏**　地球を取り巻く大気の分布する範囲。大気圏。

……ふたきれの⑥みかげせきざいに
みぞれはさびしくたまつてゐる
わたくしはそのうへにあぶなくたち
雪と水とのまつしろな⑦二相系をたもち
すきとほるつめたい雫《しづく》にみちた
このつややかな松のえだから
わたくしのやさしいいもうとの
さいごのたべものをもらつていかう
わたしたちがいつしよにそだつてきたあひだ
みなれたちやわんのこの藍《あゐ》のもやうにも
もうけふおまへはわかれてしまふ
⑧(Ora Orade Shitori egumo)
ほんたうにけふおまへはわかれてしまふ
あああのとざされた病室の
くらいびやうぶやかやのなかに
やさしくあをじろく燃えてゐる

⑥**みかげせきざい** 御《み》影石《かげいし》(花崗《かこう》岩の別名)の石材。

⑦**二相系** 固体と液体の二つの状態をさす。

⑧**Ora Orade Shitori egumo** 「あたしはあたしでひとりいきます。」の意。

わたくしのけなげないもうとよ
この雪はどこをえらばうにも
あんまりどこもまつしろなのだ
あんなおそろしいみだれたそらから
このうつくしい雪がきたのだ
　（⑨うまれでくるたて
　　こんどはこたにわりやのごとばかりで
　　くるしまなあよにうまれてくる）
おまへがたべるこのふたわんのゆきに
わたくしはいまこころからいのる
どうかこれが⑩兜率《とそつ》の天の食《じき》に変《かは》つて
やがてはおまへとみんなとに
聖《きよ》い資糧《かて》をもたらすことを
わたくしのすべてのさいはひをかけてねがふ

（『春と修羅』）

⑨うまれでくるたて……うまれてくる　「またひとにうまれてくるときは、こんなにじぶんのことばかりで、くるしまないようにうまれてきます。」の意。

⑩兜率の天　六層ある天界の一つ。遠い将来、この世に下って衆生を救うと信じられている弥勒菩薩《みろくぼさつ》が待機している。

学習の手引き

一　この詩の背景としての自然や作中の品物は、どのように描かれているのか、説明してみよう。

二　「ふたつのかけた陶椀」（一五四・9）、「まつしろな二相系」（一五六・4）は、それぞれ詩の中でどのような意味を持っているか、説明してみよう。

三　「いもうと」に対する「わたくし」の気持ちは、どのように表現されているか、整理してみよう。

四　「いもうと」の言葉には、それぞれどういう気持ちがこめられているか。また、「いもうと」の言葉によって、「わたくし」の心はどのように高められていったか、整理してみよう。

五　この詩の表現上の特徴をあげ、それによってどのような効果がもたらされているか、具体的な箇所をあげてまとめてみよう。

宮沢賢治　一八九六年（明治二九）―一九三三年（昭和八）。詩人・童話作家。岩手県生まれ。一九二四年（大正一三）、詩集『春と修羅』と童話集『注文の多い料理店』を自費出版したが、生前はほとんど無名に近く、死後高く評価された。作品に童話『銀河鉄道の夜』などがある。本文は『新修宮沢賢治全集　第二巻』によった。

汚れつちまつた悲しみに……

中《なか》原《はら》中《ちゅう》也《や》

学習のねらい
「汚れつちまつた悲しみ」とは何か、詩中の表現をもとにして考え、詩の内容と韻律を深く味わう。

汚れつちまつた悲しみに
今日も小雪の降りかかる
汚れつちまつた悲しみに
今日も風さへ吹きすぎる

汚れつちまつた悲しみは
たとへば狐《きつね》の①革裘《かはごろも》
汚れつちまつた悲しみは
小雪のかかつてちぢこまる

汚れつちまつた悲しみは

①**革裘**　毛皮で作った衣。「狐の革裘」は、狐の脇の下の白毛皮で作る衣で、極上品として珍重される。

なにのぞむなくねがふなく
汚れつちまつた悲しみは
倦怠《けだい》のうちに死を夢む

汚れつちまつた悲しみに
いたいたしくも怖気《おぢけ》づき
汚れつちまつた悲しみに
なすところもなく日は暮れる……

（『山羊《やぎ》の歌』）

学習の手引き

一 「汚れつちまつた悲しみ」について、次の点を考えよう。
1 この言葉の繰り返しの効果と、俗語的な表現が与える印象。
2 各連の「悲しみ」とは、どのような「悲しみ」か。

中原中也 一九〇七年（明治四〇）－一九三七年（昭和一二）。詩人。山口県生まれ。一九二九年（昭和四）、河上徹太郎《かわかみてつたろう》、大岡昇平《おおおかしょうへい》らと同人雑誌『白痴群《はくちぐん》』を刊行。ついで第一詩集『山羊の歌』を出版して、特異な喪失感や倦怠《けんたい》感とメルヘン風の表現で注目されたが、詩集『在りし日の歌』を残して早世した。本文は『中原中也全集　第一巻』によった。